서울
리뷰 오브
북스

Seoul
Review of
Books
2025 가을

19

이산화탄소 지표 농도, 2025년 9월 8일 22:30
earth.nullschool.net

2025년 여름은 앞으로 인류가 겪을 여름 중 가장 시원한 여름일지 모른다. 아니, 이제는 사계절이라는 개념도 희미해질지 모른다.

지구의 평균 기온은 2015년 파리 기후 협약에서 제시한 경계 지점—산업화 이전 대비 1.5도 이내의 상승폭—을 이미 2024년 말에 넘어섰고, 계속 오르고 있다. 날로 뜨거워지는 지구는 지금까지도 그래왔지만 앞으로 더더욱 기후는 물론, 식량, 에너지, 그리고 일상 생활까지 비가역적으로 바꿀 가능성이 크다. 기후·에너지·식량에 더해, 앞으로의 우리 삶을 거의 반영구적으로 바꿀 중요한 화두는 역시 인공지능이다. 흥미롭게도 인공지능은 기후·에너지·식량와 깊은 연관이 있다. 인공지능 모델을 학습시키기 위해서는 거대한 에너지가 필요하고, 에너지 생산은 온실가스 배출을 동반하며, 온실가스는 대기 중에서 열을 가두고 해양을 산성화시켜 기후 패턴을 바꾸고, 바뀐 기후는 작물 생장을 뒤흔든다. 하지만 인공지능은 역으로 기후·에너지·식량 문제를 해결할 혁신적 도구가 될 수도 있다. 그래서 어쩌면 현시점에서 우리가 정말 관심을 가져야 하는 것은 많은 이들이 열광하는 기술의 겉모습이 아닌, 이미 진행 중인 기후·에너지·식량의 위기, 그리고 그것이 기술의 진보에 미칠 복잡한 상호작용일지도 모른다.

가장 시원하면서도 뜨거웠던 여름 속에서 영근 서리북 19호의 특집 리뷰는 이러한 맥락에서 선정된 네 권의 책으로 시작한다. 남재작은 숫자로 드러나는 식량 위기를 다룬 바츨라프 스밀의 책 『음식은 넘쳐나고, 인간은 배고프다』를 농업 전문가의 관점에서 냉철하게 평한다. 김선교는 인공지능과 기후의 복잡한 연관성을 양방향으로 다룬 김병권의 『AI와 기후의 미래』를 에너지 정책 전문가의 식견으로 논리의 빈 공간을 채우며 읽어 낸다. 역시 에너지 정책 전문가이자 활동가 김현우는 사울 그리피스의 『모든 것을 전기화하라』라는 도발적인 제목의 산업·에너지 전략서를 공동체 지속 가능성의 관점에서 다시 읽는다. 그리고 기후변화 연구자 오형나는 로버트 핀다이크의 『적응하라 기후위기는 멈추지 않는다』라는 일종의 묵시록 같은 기후위기 전문서를 경제학의 관점으로 읽어 내며, 기후위기의 비가역성을 조명한다. 네 권의 책은 서로 다른 주제를 다루지만, 하나의 맥락에서 연결된다. 그것은 어디론가 맹목적으로 달려가는 인류의 발걸음이 종착점에 다다르기 전에 인류가 그것에 대비할 의지가 있는가, 그래서 앞으로도 지속 가능한 문명을 영위할 수 있는가에 대한 것이다.

읽으면서 한편으로는 서늘한 느낌이 들 법한 특집 리뷰를 식은땀을 훔치며 통과하면 이마고 문디 코너에서 김홍중이 기다리고 있다. 김홍중은 「극장의 라투르」라는 제목 아래 프랑스 과학인류학자 브뤼노 라투르가 박사학위 논문에서 다룬 헝가리 출신 예술영화 감독 미클로시 얀초의 영화 〈붉은 시편〉을 읽어 낸다. 엄혹했던 20세기 초반 헝가리 민중사를 덤덤하게 기록한 얀초의 영화를 라투르가 왜 반복성의 리듬으로 그리고 부활의 신학으로 읽어 낼 수 있었는지의 의미를 추적한다. 디자인 리뷰 코너에서 최진규는 「나만의 모험을 선택하세요」라는 제목으로 책 교환 프로젝트인 북체인을 통해 느낀 생동감과 몰입감을 독자들과 나눈다. 북 & 메이커 코너의 김재욱은 「정전의 리스트 사이에서 길 잃기」에서 그가 참여하며 또 관찰한 '21세기 최고의 책' 선정 과정에서 겪은 혼란함과 '명작' 선택에 대한 의미 부여를 복기한다.

《서리북》19호의 일반 리뷰에는 다양한 분야의 지적 여정이 풍성하게 펼쳐진다. 언어학자 김성우는 소설가 장강명의 최근 화제작 『먼저 온 미래』를 읽으며 장강명이 그려낸 바둑 이후의 세계에서 인공지능이 정말 인간의 미래를 규정지을 수 있는지, 그렇다면 그 규정으로부터 인간이 어떻게 벗어날 수 있는지 비평한다. 만화가 선우훈은 이산화의 『근대 괴물 사기극』에서 괴물을 다룬 글 안쪽에 켜켜이 중첩된 근대적 질서의 구축 과정, 그리고 괴물이 갖는 진짜 의미를 따라간다. 윤리학자 엄성우가 읽은 최훈의 『개와 고양이의 윤리학』은 애완동물과 반려동물의 구분이 내포하는 근본적인 철학의 탐구와 동물 윤리학의 지평 확장에 동참하는 안내서가 된다. 변호사 유정훈은 워드 판즈워스의 『법은 어떻게 생각하는가』를 읽으면서, 법적 분쟁의 해결 방식을 단순히 실용서로서 되새김하는 것을 넘어, 법과 경제학의 얽힘, 즉 법경제학의 한계 설명과 의미 부여에 동참한다. 생물학자 전방욱이 읽은 이자벨 스탱게르스의 『다른 과학은 가능하다 '느린 과학' 선언』은 앞서 언급한 김홍중의 서평에 등장하는 브뤼노 라투르와 연결된다. 전방욱이 다룬 책의 주제는 과학의 사유와 연구에 있어 지식경제학, 즉 자본주의의 논리로부터 해방되어야 한다는 것인데, 이는 결국 과학의 지속 가능성으로 수렴하는 주제다. 《서리북》이 배출한 우주리뷰상 수상자 이두은이 리뷰한 에마누엘레 코치아의 『메타모르포시스』는 변화를 다룬 책이다. 이두은은 생명의 탄생과 죽음 사이의 끊임없는 변화가, 훨씬 더 큰 스케일에서 재정의되는 생태학의 틀 안에서 해석될 수 있다는 저자의 주장을 장자의 일화를 빌려 다각도로 반추한다. 홍종욱은 한국 근대사를 관통하는, 그러나 점점 잊혀 가는 인물인 장덕수의 평전 『장덕수 연구』를 읽었다. 역사학자 홍종욱은 정치가로서 장덕수의 생애뿐만 아니라, 왜 그가 그러한 정치적 사상으로 수렴하게 되었는지의 여정을 저자 심지연의 분석을 동반자 삼아 한국 근현대사를 따라가며 장덕수에 대한 재조명을 제안한다.

문학 코너에서는 김택규의 「중국 문학과 타이완 문학」, 우석영의 「생태 문명 고전, 『삼국유사』」가 다뤄졌다. 중문 번역가 김택규는 1950년대 이후의 중문학에서 중국 문학과 타이완 문학이 구분될 필요가 있음을 강조한다. 그는 한국 독서계에서 중국 작품보다 타이완 작품이 더 많은 관심을 받고 있는 현상을 조명하며 그 이면에 있는 민감한 이슈를 부드럽게 다룬다. 철학자 우석영은 『삼국유사』를 완전히 다른 시각, 즉, 생태와 공존할 수 있는 문명의 관점에서 조명한다. 독자들에게는 『삼국유사』가 생태학으로 읽힐 수 있다는 것 자체가 생경할 수 있는데, 우석영은 『삼국유사』 속에 펼쳐진 다채로운 이야기장에서 왜 그렇게 읽을 수 있는지를 설득력 있게 풀어낸다. 생태의 관점에서 들여다본 문학 작품 서평을 끝으로 《서리북》 19호의 리뷰 여정이 마침표를 찍었는데, 흥미롭게도 들머리가 기후와 식량 위기, 에너지와 인공지능이었기 때문에 이번 호는 묘한 수미쌍관 구도를 이루게 되었다.

독서라는 지적인 여정은 언제든 이루어질 수 있지만 우리의 삶은 결국 기후, 생태, 먹거리, 에너지의 지속 가능성 같은 늘 당연하게 여겨왔던 문명에 기대고 있었음을 이번 19호에서 독자들도 같이 체험하기를 바란다.

편집위원 권석준

차례

"스밀의 메시지는 한국에도 유효하다. 다만
그 실천 방식은 낮은 자급률, 복잡한 공급망,
그리고 필연적인 식량 외교의 필요성을 고려해
재설계되어야 한다."

◀ 남재작 「숫자로 해부하는 식량 시스템의 모순」

"디지털 혁신 담론에 가려졌던 기후·생태
문제를 AI의 폭주 속에서 재조명함으로써,
저자는 기술 만능주의에 근본적 질문과
함께 또 다른 중요한 전환의 메시지를
던진다."

▶ 김선교 「혼탁한 시대, AI 만능론에 균형추를 놓다」

"이 책의 메시지는 제목처럼 분명하다.
화석 연료 연소에서 발생하는 온실가스를
전면적으로 그리고 빨리 줄여야 하고,
그것은 탄소를 배출하지 않는 발전원과
전력 소비 기기로의 전환을 통해서만
가능하다."
▶ 김현우 「낙관주의자의 플레이북으로 충분할까」

모든 것을 전기화하라
100% 전기에너지의 시대
사울 그리피스
정현우·김선교·김효재 옮김
생각의힘

적응하라 기후위기는 멈추지 않는다
MIT슬론경영대학원 석좌교수
로버트 핀다이크
이지흥 옮김

"저자는 기온 상승을 2도로 제한하고
싶지만, 여러 계산을 해보니 가능성이
낮다면 그냥 '어쩔 수 없지'라고 체념하는
대신 '적응에 착수해야 한다'고 주장한다."
◀ 오형나 「기후재앙에 대비해 감축하고 적응하라」

"이 책이 제시하는 법적 사고의 흐름을
따라가다 보면 그런 양극단의 주장이 문제
해결에 도움이 되지 않는다는 점에 전보다
쉽게 동의할 수 있을 것이다"
◀ 유정훈 「법은 어떻게 생각하고 사람들은 어떻게 반응하는가」

"메타모르포시스는
'고정된 정체성'을 해체하면서
모든 생명을 상호의존적이고
전이 가능한 존재로
탈바꿈시킨다."
▶ 이두은 「메타모르포시스적으로 사유하기」

"과학을 다르게 사유한다는 것은
무엇보다 먼저 합리성과 의견 사이,
혹은 사실과 가치 사이의 대립 구도를
재고하는 일이다."
▶ 전방욱 「빠른 과학 실천에 대한 숙의」

일러두기

1   《서울리뷰오브북스》에 수록된 서평은 직접 구매한 도서로 작성하는 것을 원칙으로 합니다.

2   《서울리뷰오브북스》에서 다루기 위해 선정된 도서와 필자 사이에 이해 충돌이 발생하는 경우,
    주석에서 이를 밝히는 것을 원칙으로 합니다.

3   단행본, 소설집, 시집, 논문집은 겹낫표 『 』, 신문, 잡지, 음반, 전시는 겹화살괄호 《 》, 단편소설,
    논문, 신문 기사는 홑낫표 「 」, 영화, 음악, 팟캐스트, 미술 작품은 홑화살괄호 〈 〉로 묶어
    표기했습니다.

4   아직 한국에 번역·출간되지 않은 도서를 다룰 경우에는 한국어로 번역한 가제와 원서 제목을
    병기했습니다.

기후·에너지·식량 위기, 그리고 AI라는 해법

서울
리뷰 오브
북스

특집 리뷰

『음식은 넘쳐나고, 인간은 배고프다』
바츨라프 스밀 지음, 이한음 옮김
김영사, 2025

숫자로 해부하는 식량 시스템의 모순

남재작

늘어나는 인구를 어떻게 먹여 살릴 것인가. 이 물음은 21세기를 살아가는 인류 앞에 여전히 풀리지 않는 숙제로 남아 있다. 기후변화로 농업 생산 기반이 흔들리고, 2023년 기준 전 세계 인구의 9.2퍼센트, 약 7억 3,500만 명이 만성적인 굶주림에 시달린다는 유엔 통계는 식량 부족의 공포를 구체적인 현실로 다가오게 한다. 여기에 갈수록 심각해지는 기후재난까지 더하면, 과연 인류가 이 식량 위기를 넘어설 수 있을지 회의가 드는 것도 무리는 아니다.

그러나 글로벌 농업 통계를 자세히 들여다보면 우리의 직관과는 다른 사실이 드러난다. 세계는 이미 1인당 하루 약 3,000kcal를 공급할 수 있을 만큼의 식량을 생산하고 있다.(『음식은 넘쳐나고, 인간은 배고프다』, 10쪽) 그렇다면 문제는 절대적인 식량 부족이 아니다. 이 지점에서 누구나 다음과 같은 질문을 던지게 된다.

'식량이 이렇게나 많은데, 왜 여전히 수억 명이 굶주리는가?'

이 모순적 현실을 해부하려는 시도는 수많은 저자의 작업으로 이어져 왔다. 장 지글러의 『왜 세계의 절반은 굶주리는가?』는 기아의 원인을 자연적 결핍이 아니라 불합리한 세계 경제 질서, 다국적 기업의 탐욕, 식량 투기와 같은 구조적·정치적 문제에서 찾는다. 라즈 파텔의 『식량전쟁』은 기아가 여전히 광범위하게 존재하는 한편, 다른 한쪽에서는 비만이 세계적 유행병처럼 번지고 있는 이유를 집요하게 추적한다.

이번에는 바츨라프 스밀이 오래된 질문 앞에 도전장을 던졌다. 그의 저작 『음식은 넘쳐나고, 인간은 배고프다(*How to Feed the World*)』는 장 지글러나 라즈 파텔처럼 정치·경제적 구조를 중심에 두는 대신, 방대한 통계와 데이터를 토대로 문제를 재구성한다. 에너지·농업·환경 분야를 넘나들며 수십 년간 수집해 온 자료를 촘촘히 엮어, 생산량·손실률·영양소 비율 등 식량 시스템을 구성하는 모든 숫자를 해부하듯 분석한다.

숫자는 맹목적 희망의 해독제

이 책도 식량 위기를 다루는 다른 책들처럼 '인구가 식량 공급량보다 더 빨리 증가'한다는 '맬서스의 덫'을 언급하는 것부터 시작한다. 하지만 스밀이 주목한 것은 '인류의 식량 사정이 점진적으로 개선될 가능성을 결코 배제할 수 없다'는 맬서스의 변화된 견해였다.(8-9쪽) 스밀은 우리가 당연시해 온 위기 서사가 반드시 정답으로 향하는 경로는 아니라고 말한다.

서문에서 스밀은 단호하게 경고한다. 오늘날 유행하는 '농경과 기후변화'나 '지속 가능한 농업'에 관한 폭넓은 개관이나 비판적 논의를 기대한다면, 이 책은 적합하지 않다고 못 박는다. 대신 그는 그간의 식량 위기 담론을 반박하기 위해 책 전체를 촘촘한 수치와 데이터로 채운다. 이 숫자들은 독자와 타협할 의사가 없음을

2014년 캘리포니아 월넛 크릭 목장. 물 부족으로 인해 마른 웅덩이들이 생겼고, 소가 이를 쳐다보고 있다.(출처: Flickr)

역설적으로 보여 주며, 논쟁을 감정이 아닌 탄탄한 과학적 기반 위에 우뚝 세우겠다는 의지를 드러낸다.

> "숫자는 희망적인 사고의 해독제이며 현대 작물 경작, 식량, 영양의 양상과 한계를 명확하게 이해할 수 있는 유일한 방법이다."(13쪽)

스밀의 말처럼, 이 책은 방대한 통계와 냉철한 과학적 분석으로 전 세계 식량 문제의 실체를 드러내며 우리의 인식에 균열을 낸다. 그가 처음 무너뜨리는 신화는 '수렵 시절이 더 나았고, 농경이 시작되며 식단이 나빠졌다'는 주장이다. 재레드 다이아몬드는 『총, 균, 쇠』에서, 유발 하라리는 『사피엔스』에서 이 견해를 반복했다. 스밀은 침팬지의 생태 자료와 수렵채집인의 인구 밀도 통계를 근거로, 수렵채집만으로는 안정적이고 지속적인 식량 확보가 불가능함을 치밀하게 입증한다.

　　침팬지는 동식물이 풍부한 열대림에서 하루의 절반 이상을 먹이 탐색과 섭취에 쓰지만, 과일 중심의 잡식성 식단은 무리의 개체수를 제한한다. 가장 과일이 풍부한 지역조차 제곱킬로미터당 2-4마리의 개체만을 감당할 수 있기 때문이다. 20세기까지 남아 있던 수렵채집 사회의 경우, 집단의 최소 규모는 20-30명, 정착 생활이 가능한 지역에서 유지할 수 있는 최대 규모도 500명 수준에 불과했다. 평균 인구 밀도는 제곱킬로미터당 0.25명, 일부 지역은 0.1명에도 못 미쳤다. 스밀은 이러한 수치를 통해, 수렵채집만으로는 결코 큰 규모의 집단을 유지할 수 없음을 논증한다.(17-22쪽)

　　그는 생존에 필요한 칼로리 대비 노동량, 단위 면적당 동식물 자원의 칼로리 생산량, 식단 구성과 영양소 가용성까지 면밀히 비교하며 '수렵채집 시대가 인류 식단의 황금기'라는 주장을 반박한다. 노동 대비 칼로리 수지, 단위 면적당 생산량, 영양 분석 등 끝없는 계산을 통해 '농경이 건강과 영양의 모든 측면에서 퇴보였다'는 단순 명제를 논리적으로 무너뜨린다. 난해한 수식을 따라가다 보면 하라리나 다이아몬드의 주장에 정면으로 맞서는 그의 치밀함에서 묘한 쾌감을 느끼게 된다.

　　그에 따르면 농경의 시작은 기아에 몰린 절박한 선택이 아니라, 기후변화가 열어 준 전략적 선택이었다. 약 1만 년 전 홀로세(Holocene)의 온화하고 예측 가능한 기후는 곡물 재배가 가능한 환경을 만들었고, 이는 수렵채집보다 식량 확보의 예측 가능성과 잉여 저장성에서 확실한 우위를 제공했다. 그 결과 인구는 불어나고, 정착과 사회 조직화가 가능해지면서 농경은 경로 의존적인 체제로 굳어졌다. 곡류와 콩류가 주된 에너지원이 된 순간, 인류는 이미 되돌릴 수 없는 길에 들어선 셈이었다.(45쪽)

　　스밀은 농경을 진보나 해방의 상징으로 이상화하지 않는다. 그는 농경 전환이 더 많은 노동, 질병, 사회적 불평등을 수반했다고 지적한다. 그러나 재레드 다이아몬드가 농경을 '인류 최악의 실수'로 본 것과 달리, 스밀은 이를 비극도 혁명도 아닌 생태적 가능성의 실현으로 규정한다.(73쪽) 도덕적 판단보다 구조적 맥락을 먼저 읽어 내는 이 분석에서, 논리와 데이터로 무장한 그의 면모가 선명하게 드러난다.

세계 식량 시스템의 진화와 그 이면

어려운 수식을 지나면, 스밀은 한층 접근하기 쉬우면서도 결코 가볍지 않은 주제로 시선을 옮긴다. 이번에 그는 음식에 대한 피상적 '악마화'를 겨냥한다. 단순히 '이 음식이 나쁘다'는 소비자 구호를 넘어, 현대 식단의 단순화가 어떤 역사적 경로와 구조적 힘 속에서 형성되었는지를 해부한다. 과거 수천 종의 식물이 식탁을 채우던 시대는 산업화와 함께 막을 내렸고, 이제 인류가 섭취하는 열량의 대부분은 벼·밀·옥수수, 그리고 닭·돼지·소에서 나온다.

　　스밀은 이 변화를 단순한 취향의 산물이 아니라, 기술 혁신·시장 효율·정책 결정이 맞물린 필연적 귀결로 본다. 소수의 종을 대량 재배하는 방식이 급증하는 식량 수요와 도시 확장을 가장 효과적으로 뒷받침했기 때문이다. 그러나 이렇게 생산된 곡물의 약 3분의 1은 가축 사료로 전환돼 육류와 유제품으로 돌아오는 과정에서 막대한 에너지가 손실된다. 에너지 전환 단계가 늘어날수록 손실은 누적되고, 비효율성은 구조적으로 심화된다.

　　이어서 그의 시선은 곡물에서 가축으로 옮겨 간다. 인류가 사육하는 가축은 고작 10여 종, 그것도 크기·번식력·온순함 등 제한된 조건 속에서 '기를 수 있는' 종만이 선택된 결과다. 이렇게 구축

농사 짓는 장면이 그려진 이집트의 벽화.(출처: 김영사 제공)

된 시스템은 생산 효율을 얻었지만, 그 대가로 다양성과 회복력을 잃었다. 스밀은 가축별 에너지 전환 효율을 분석해 미래에 더 적합한 단백질 공급원을 가려낸다. 동시에 그는 잡식성 영장류인 인류가 진화 과정에서 길들인 동물들의 고기와 유제품을 섭취함으로써 건강과 정신 발달에 도움을 받아 왔음을 강조한다. 그래서 동물성 식품을 둘러싼 논쟁에서도 극단적 채식이나 도덕적 악마화 대신 과학적 현실에 기초한 시각이 필요하다고 주장한다.(139쪽)

그는 자신의 주장을 뒷받침하기 위해 광합성 효율, 에너지 전환 효율, 사료 전환 효율 등 현대 농업의 생산성을 측정하는 수많은 지표를 동원한다. 반복되는 숫자의 숲을 헤매다 보면, 어느 순간 왜 이렇게까지 숫자에 집착하는지가 문득 드러난다. 마치 '나는 내

주장을 이렇게까지 증명했으니, 반박하고 싶다면 최소한 이 정도는 넘어보라'는 도전장을 던지는 듯하다.

숨겨진 기둥, 식량의 진짜 가치

스밀의 문제 제기는 현대 사회가 식량의 경제적 가치를 지나치게 축소하고 있다는 지점으로 이어진다. 그는 식량 생산이 세계 경제 생산의 5퍼센트에도 미치지 못한다는 통계를 인용하며, 식품 시장에 대한 과소 추정이 마치 식량이 국가 경제에서 중요하지 않은 것 같은 착시를 일으킨다고 지적한다. 그러나 그 이면에는 막대한 에너지, 토지, 물, 비료, 운송망이 투입된 복잡하고 취약한 구조가 숨어 있다.(161쪽) 그는 이 시스템의 어느 한 축이라도 흔들리면, 경제 지표에서 차지하는 비중이 아무리 작더라도 전체 경제가 순식간에 타격을 받을 수 있음을 경고한다.

그의 결론은 단호하다. 식량은 단순한 소비재가 아니라 국가 안보, 사회 안정, 생태 지속성의 핵심 기반이며, 이를 GDP 수치로만 평가하는 것은 위험한 오판이다. 특히 세계 인구의 절반 이상이 곡물·육류·유제품의 국제 공급망에 의존한다는 사실은 이 체계가 무너질 경우 정치·경제·인도주의적 충격이 얼마나 클지를 상기시킨다. 눈에 잘 띄지 않는 '작은 항목'처럼 보이지만, 실상 식량은 현대 문명을 떠받치는 보이지 않는 기둥이다. 스마트폰보다 덜 화려하지만 훨씬 더 중요한 존재라는 것이 그의 통찰이다.

이 논의는 자연스럽게 기후위기로 확장된다. 전 세계 온실가스 배출의 약 34퍼센트가 식량 시스템에서 비롯된다. 이는 단순한 농업 생산을 넘어 비료 사용·사료 경작·가축의 메탄 배출·식품 가공·운송·보관·조리까지 전 과정을 아우른다. 특히 육류 중심 식단은 곡물보다 훨씬 많은 탄소 배출을 유발하며, 소비자 단계에서 버려지는 음식물 역시 상당한 탄소 발자국을 남긴다. 그러나 현재의 탄소 중립 논의는 에너지·교통·산업 부문에 집중되어 있고, 식량 시스템은 여전히 주변부에 머물러 있다. 온실가스 배출의 3분의 1을 차지하는 식량 시스템의 구조적 전환 없이 기후위기 대응이 완성될 수 있을까? 식량은 더 이상 부차적 주제가 아니라 기후와 지속가능성을 좌우하는 핵심 변수다.

이런 맥락에서 스밀은 미래 식량 기술의 대표 주자로 주목받는 배양육(cultured meat)에 대해서도 냉정한 시선을 보낸다. 그는 배양육이 '기후위기의 해법'이자 '윤리적 육류 소비의 대안'으로 과대 포장되고 있지만, 세 가지 근본적 한계가 여전히 해소되지 않았다고 지적한다. 첫째, 에너지 효율성 문제다. 배양육은 전통적 축산보다 친환경적으로 보이지만, 전기 사용, 온도 유지, 배양 배지 생산 등에서 오히려 더 많은 에너지가 소모될 수 있다. 둘째, 기술 복잡성과 대중화 한계다. 실험실에서의 성공과 전 세계 양산 체계 구축 사이에는 거대한 간극이 있으며, 인프라가 부족한 지역에서는 현실적 대안이 되기 어렵다. 셋째, 배양육은 단순히 '고기'의 대체 문제가 아니라 축산업에 얽힌 사회·문화·경제적 구조 전체를 고려해야 하는 사안이다.(231-234쪽)

스밀은 전통적인 육류 생산 방식의 변화 필요성에는 동의하지만, 배양육이 과소비·식량 낭비·사료 시스템 비효율 같은 근본 문제를 가리는 기술적 환상에 그칠 수 있다고 경고한다. 숫자와 현실에 기반하지 않은 채 유행과 명분에 치우친 해법은 오히려 방향을 잃게 만들 수 있다. 한때 대체육과 배양육이 미래 축산업의 환경 부하를 상당 부분 해소할 것으로 기대했던 나에게 그의 이 경고는 마치 배양육 산업의 묘비명처럼 무겁게 다가왔다.

의심스러운 미래 기술보다, 지금 당장 가능한 실천

스밀은 책의 마지막까지 회의주의자의 태도를 견지한다. 그에게 식량 문제를 해결할 수 있다고 주장하는 많은 기술적 대안—배양육, 곤충 단백질, 극단적 채식주의, 전면적인 유기농 전환—은 화려하게 포장된 '미래 해법'이지만, 대부분 과장되었거나 현실성과 지속 가능성에서 뚜렷한 한계를 지닌다고 본다. 그는 과학적·경제적 검증 없이 유행과 명분에만 기댄 기술은 오히려 방향을 잃게 한다고 경계한다.

그렇다면 스밀이 제시하는 대안은 무엇일까. 그는 거창한 혁신보다 이미 입증된 방법을 실천하는 길을 택한다. 예를 들어, 친환경적인 육류로 대체하고 섭취량을 줄이는 것만으로도 환경과 에너지에 큰 이익을 가져올 수 있다. 여기에 음식물 쓰레기를 절반으로만 줄여도 수억 명이 먹을 수 있는 식량이 생겨난다. 그는 생산 체계를 근본적으로 뒤엎기보다, 낭비를 줄이고 과잉 소비를 억제하며 기존 시스템을 더 효율적으로 개선하는 길이 훨씬 현실적이고 지속 가능하다고 강조한다. 탄소 효율과 자원 활용률을 높이는 정밀 농업, 단순하고 지역에 기반한 식생활이 바로 그가 제안하는 실천이다.

스밀은 이 책을 통해 독자들이 "세계 식량 생산의 근본적인 한계와 본질적인 복잡성을 더 깊이 이해하는 데 있다"(278쪽)라고 강조한다. 우리는 이미 하루 인당 약 3,000kcal의 식량을 생산하고 있다. 그의 눈에 미래의 식량 문제는 '부족'이 아니라 분배와 소비 단계에서의 낭비다. 선진국은 하루 인당 약 1,000kcal의 식량을 버리는 반면, 아프리카 등 일부 지역은 낮은 생산성과 인프라 부족으로 만성적인 식량 부족에 시달린다. 이런 데이터를 바탕으로 지금 할 수 있는 작고 확실한 변화부터 시작하자고 제안한다.

배양육에 대한 원대한 열망. 배양 접시에서 세계를 먹여 살리기까지.(출처: 김영사 제공)

그가 말하는 변화는 거창한 선언이 아니라 일상에서 시작된다. 오늘 저녁 고기를 조금 덜 먹고, 버려지는 채소를 재활용하며, 가공식품 대신 자연 식재료를 선택하는 작은 실천이 모이면 수억 명이 먹을 식량을 확보할 수 있다. 일부는 '식량의 절대량이 문제가 아니라면, 남아도는 식량을 어떻게 부족한 지역까지 제때 옮기느냐'라고 반문할지 모른다. 그러나 그는 개도국의 수확량 격차(yield gap)를 줄이는 방법을 제안한다. 관심의 초점은 사회적 불평등이 아니라, 식탁에서 유통·저장·농업 시스템 전반으로 이어지는 구조다. 스밀은 감정이나 도덕이 아닌 데이터와 현실이라는 나침반을 들고 식량이라는 바다를 항해하라고 권한다.

이 책은 단순한 과학서가 아니다. 통계와 데이터 너머, 인간과 지구가 짊어진 무게를 함께 체감하게 하는 책이다. 스밀은 과장된 미래 기술보다 검증된 실천을 강조하며, 독자를 현실에서 실행 가능한 변화로 이끈다. 그의 해법은 혁신적 발명이나 거창한 구조 개혁이 아니라 당장 실천할 수 있는 생활 속의 작은 변화이다. 책을 덮는 순간, 독자는 더 이상 방관자가 아니라 변화를 만드는 주체가 된다.

스밀은 '내일의 해법은 오늘의 선택에서 시작된다'는 평범한 명제를 자신만의 방식으로 풀어낸다. 이 책의 설득력은 저자의 명성이 아니라, 수많은 통계와 사실이 서로를 지지하며 만드는 일관성에서 나온다. 데이터를 차분히 따라가다 보면 결론은 한 방향으로 모인다. 오늘의 식탁이 곧 내일의 해답이다.

한국에서 읽는 스밀의 경고

하지만 아쉬움이 전혀 없는 건 아니다. 그의 결론에 동의하면서도, 수많은 수식과 논리로 도달한 결론이 기존 시민운동가들의 주장과 얼마나 다른지 명확하지 않아 약간의 허탈감을 준다. 구조적 문제를 날카롭게 해부했지만, 대안이 결국 개인적 실천에 머무른다는 점도 그렇다. 무엇보다 이런 해법은 선진국, 특히 농산물이 남아도는 국가에서나 가능한 선택이라는 한계가 뚜렷하다.

한국인의 시각에서 보면 이 책은 또 다른 질문을 던진다. 스밀은 "대규모 충돌과 유례없는 사회 붕괴가 일어나지 않는 한"(280쪽) 인류는 늘어나는 인구를 먹여 살릴 수 있다고 안심시킨다. 그러나 값싼 식량 확보가 가능한 선진국 지식인의 처방이 곡물 자급률 20퍼센트 남짓한 우리나라에 그대로 적용될지는 별개의 문제다. 스밀의 논의에는 '식량은 부족하지 않다'는 전제가 깔려 있다. 하지만 한국처럼 농경지가 제한되고 인구 밀도가 높은 국가는 국제 곡물 가격 변동에 취약하다. '부족하지 않음'이 곧 '안전함'을 뜻하지 않는다. 절대량보다 안정적으로 구매할 경제력과 시장 접근성이 더 중요한 변수다.

그럼에도 과잉된 기술 환상 대신 이미 입증된 실천을 통해 문제를 풀라는 스밀의 메시지는 한국에도 유효하다. 다만 그 실천 방식은 낮은 자급률, 복잡한 공급망, 그리고 필연적인 식량 외교의 필요성을 고려해 재설계되어야 한다. 언젠가 자급률이 낮을 수밖에 없는 국가의 시각에서 미래 식량 시스템을 본격적으로 다루는 책이 나오길 기대한다. 그때야 비로소 우리는 스밀의 데이터를 한국적 맥락에서 재해석하고, 우리만의 해법을 제시할 수 있을 것이다. 스밀의 책은 그러한 논의를 시작하게 하는 자극제로서 충분한 가치가 있다. 서리북

남재작

농업과학자. 한국정밀농업연구소 소장. 경북대학교 화학과에서 박사 학위를 받았고, 국립농업과학원 및 농업기술진흥원에서 근무했다. 유튜브 '농업지식채널 짓다'를 운영 중이다. 저서로는 『식량위기 대한민국』, 『기후대란』 등이 있다.

📖 우리는 농산물을 매일 소비하지만, 정작 농업의 현실에 대해서는 잘 알지 못한다. 흔히 미디어에서 접하는 한가로운 농촌 풍경은 오늘날의 첨단화된 농업 현실과는 거리가 멀다. 이 책은 이러한 '농업 문맹'들을 위해 쓰였다. 막연하게 알고 있는 농업에 대한 오해를 바로잡고, 현대 농업의 복잡한 경제적 구조를 명확하게 보여 준다. 농업을 둘러싼 정책, 기술, 환경 문제 등이 우리의 식탁에 어떤 영향을 미치는지 구체적으로 설명하며, 독자들에게 농업에 대한 새로운 시각을 제공한다.

"선진국이 될수록 땅을 갈아 경작해 수확하는 경종의 비중은 줄고 축산의 비중이 늘어난다. 세계 최고의 시설원예 강국으로 알려진 네덜란드도 생산액만 보면 축산 국가다. 산지가 90%로 경종을 위한 농지가 턱없이 부족한 스위스도 축산 중심의 농업을 전개한다. 우리나라도 비슷한 추세다. 1984년 한국인 1인당 쌀 섭취량은 130kg이었지만 2023년에는 56kg까지 떨어졌다. 2023년 한국인의 3대 육류(돼지고기, 소고기, 닭고기) 소비량은 60.6kg으로 쌀 소비량보다 많다. 한국인은 더 이상 밥심으로 사는 민족이 아니라 고기 힘으로 사는 민족이 되었다." — 책 속에서

『당신이 모르는 진짜 농업 경제 이야기』
이주량 지음
세이지, 2024

📖 우리는 매일 식사를 하지만, 정작 식량이 어떻게 우리에게 도달하는지, 그 과정이 얼마나 취약한지 잘 알지 못한다. 값싼 수입 농산물과 풍요로운 마트 진열대는 식량 위기가 먼 나라 이야기인 듯 착각하게 한다. 나는 이 책을 통해 이러한 안일한 인식을 깨고자 했다. 기후변화, 국제 정세, 농업 구조, 공급망 불안이 우리의 식탁과 어떻게 연결되어 있는지 구체적으로 설명하고 막연한 불안을 데이터와 사례로 드러냈다. 이 책은 한국이 직면한 식량 안보의 현실을 직시하게 하고, 우리가 지금 무엇을 준비해야 하는지 함께 고민하는 책이다.

"농업 생산을 늘리기 위해 질소비료를 많이 사용할수록 수질오염이 심해진다. 숲을 베어내면서 늘어난 농경지가 토양 유실을 가속하면서 토양의 생산성이 떨어진다. 그럴수록 더 많은 비료를 사용해야 한다. 대규모 단일 재배가 늘어날수록 병해충의 공격에 취약해지고 농약의 사용량도 늘어난다. 수질오염과 농약의 사용량이 증가할수록 생물의 종 다양성은 떨어진다." — 책 속에서

『식량위기 대한민국』
남재작 지음
웨일북, 2022

『AI와 기후의 미래』
김병권 지음
착한책가게, 2025

혼탁한 시대, AI 만능론에 균형추를 놓다

김선교

모두가 인공지능(AI)을 외치는 시대다. AI는 이제 4차 산업혁명의 총아이자 국가 미래 전략의 핵심으로 숭배된다. 저자의 표현에 따르면, 새로운 범용 기술로서 AI는 경제 성장의 동력이자 거의 모든 문제를 해결하고 새로운 단계로 성장시켜 줄 유토피아를 위한 기술로 여겨진다.

2025년 6월, 계엄과 탄핵이라는 국가적 재난 상황을 뚫고 새롭게 출범한 이재명 정부 또한 이러한 AI 만능론에 편승했다. 대통령실에 네이버 AI 센터장이었던 하정우를 AI미래기획수석으로 임명하고, 과학기술정보통신부 장관에 LG경영연구소 AI연구원장이었던 배경훈을 발탁한 것은 상징적이다. AI미래기획수석 아래에 기후환경에너지 비서관을 두었는데, 이는 AI를 국가 의제 최상단에 놓고 그 바탕 위에서 모든 아젠다——기후위기 대응까지 포함하여——를 다루겠다는 선언처럼 보인다. 그러나 우리가 AI를 만능 해결사로 떠받드는 사이, 정작 인류 생존의 근본 문제인 기후변화의 경고음은 묻히고 있는 것은 아닐까?

김병권 녹색전환연구소 소장의 신간 『AI와 기후의 미래: 디지털 과잉 함정에 빠진 한국, 더 위험해진 기후』는 이 물음에서 출발한다. 오랫동안 대안적 경제·사회 연구에 몸담아 온 독립연구자인 저자는 최근에 완성한 박사학위 논문을 토대로, 우리 시대의 "이중 전환(twin transition)"——디지털 전환과 생태 전환——을 이 책에서 연결해 성찰하고 있다. 저자는 묻는다. 기후를 위해 인공지능은 더 좋아지고 커져야 하는가, 아니면 적절히 절제되고 제한되어야 하는가? AI 기술 발전과 기후위기 대응을 별개의 영역으로 보던 통념을 깨고, 두 전환이 어떻게 얽혀 있으며 한국 사회에 어떤 구조적 변화를 요구하는지 탐색한다는 점에서 이 책의 통찰은 선구적이다. 디지털 혁신 담론에 가려졌던 기후·생태 문제를 AI의 폭주 속에서 재조명함으로써, 저자는 기술 만능주의에 근본적 질문과 함께 또 다른 중요한 전환의 메시지를 던진다.

AI 만능 담론의 빛과 그늘

저자는 우선 현재 사람들이 널리 받아들이는 AI 낙관론을 충실히 소개한다. AI가 에너지 절약, 기후 예측, 재난 대응에 기여해 "2030년까지 글로벌 온실가스 배출량의 5-10%를 줄일 수 있"(59쪽)다는 장밋빛 전망들이 이러한 낙관론의 일부다. 실제로도 AI는 기후 모델링과 재생 에너지 최적화, 스마트 그리드 관리, 자원 효율화 등에 활용되면서 기후위기 해결의 핵심 도구로 기대받는다. 예컨대 AI 알고리즘은 대형 건물의 에너지 사용을 최적화하고, 정교한 기후 데이터 분석을 통해 이상 기후를 조기에 경고하며, 농업·교통 등 다양한 분야에서 온실가스 감축과 회복력 증진에 도움을 줄 수 있다는 것이다. 저자는 이러한 'AI 기술=해결책' 공식을 하나하나 살펴보면서도, 그것이 지닌 치명적 허점을 파고든다.

　　AI 시대의 그늘은 막대한 에너지 소비로 대표된다. AI 성능

아르헨티나의 ARSAT 데이터센터. (출처: 위키피디아)

향상의 열쇠는 빅데이터와 초거대 연산인데, 이를 뒷받침하는 데이터센터는 엄청난 전기를 소모한다. 책에 따르면 대형 데이터센터 하나가 연간 소비하는 전력은 "전기자동차 약 35만-40만 대에 필요한 전력과 맞먹을 정도다."(12쪽) 또 아일랜드의 경우 "데이터센터가 2024년 기준 전체 국가 전력 소비량의 20%를 잡아먹을 정도로 막대했고, 2026년에는 전체 전력 수요의 32%까지 잠식할 수 있다"(12쪽)고 한다. AI의 폭발적 성장은 이러한 '전기 먹는 하마'들이 세계 곳곳에 우후죽순 들어서게 한다. 문제는 전력 수요 급증이 화석 연료 연소를 더 부채질해 기후위기 악화를 가속시킨다는 점이다. 재생 에너지 비중이 10퍼센트 내외인 한국에서 데이터센터 증설은 석탄과 LNG 발전에 의한 전력 수요 증가를 의미하며, 증가한 만큼 온실가스는 더 많이 배출된다. 결과적으로 AI는 앞면에서 기후 문제 해결을 돕는 것처럼 보이지만, 뒷면에서는 거대한 탄소 발자국을 남기는 양면적 존재가 되고 있다.

　　　저자가 특히 주목하는 것은 기술 혁신의 역설적 효과(rebound effect)다. 어떤 기술이 효율성을 높여 문제를 해결하는 듯 보여도 결국 총수요를 늘려 상황을 더 악화시킬 수 있다는 경고다. 19세기 산업혁명기 석탄 효율 향상이 오히려 석탄 소비를 폭증시킨 '제본스의 역설(Jevons paradox)'처럼, AI를 통한 효율 극대화는 결국 자원 사용의 총량 증가로 이어지는 함정을 동반한다. AI로 생산성이 높아지면 더 많은 서비스와 제품이 쏟아지고, 소비자들은 더욱 편리해진 AI 서비스를 더 많이 사용하면서 데이터 사용량은 폭주한다. 그 결과 AI가 절감해 준 에너지보다 AI 때문에 추가로 소비되는 에너지가 더 커지는 역설이 성립한다. 저자는 현재 전 세계적으로 벌어지는 AI 경쟁이 바로 이러한 '약탈적 확장'의 성격을 띠고 있다고 지적한다. 기술 효율 향상만 믿고 달리다 보면 어느새 더 큰 환경 파괴의 늪에 빠질 수 있다는 것이다.

기술과 지구의 충돌: 어디까지 왔나

저자는 기후위기의 현주소를 냉정하게 진단한다. 그는 지금의 기후위기가 이미 티핑 포인트(tipping point)를 지나 "'미지의 영역'에 들어섰다"(342쪽)고 본다. 지구 온난화로 인한 기상 이변과 생태계 붕괴의 속도가 기하급수적으로 가속되어, 이전 세대의 데이터와 경험으로는 예측하기 어려운 불확실성의 시대가 열렸다는 것이다. AI는 과거의 패턴을 학습하고 현재의 현상을 복합적으로 고려해 예측을 수행한다. 그러나 아무리 정교해진 방법에도 예측에는 한계가 있기 마련이다. 저자가 묻는 핵심은 이것이다. 기후위기가 인류 문명의 지속을 위협하는 상황에서, 과연 AI가 만능 해결사가 될 수 있는가?

이 책은 AI와 기후의 복잡한 관계를 면밀히 검토하기 위해 긍정·중립·부정의 여러 견해를 일별하며 통합적 시각을 모색한다. 특히 디지털 전환과 생태 전환이라는 큰 틀에서 AI와 기후 문제를 구조적으로 파헤친다. 디지털 전환은 인터넷, 모바일, AI로 이어지는 기술 혁신의 물결이며, 생태 전환은 지구적 한계와 조화를 추구하는 패러다임 전환이다. 두 전환은 별개로 진행되는 듯하지만 현실에서는 치열하게 맞물려 있다. 저자는 미국, 중국, 유럽연합(EU) 등 주요 국가·지역의 전략을 비교하면서 각기 다른 전환 경로를 설명한다. 미국은 '시장 주도 디지털 편향' 모델로, 최소한의 국가 규제하에 기업 주도로 AI 혁신을 가속시키며 감시 자본주의*와 플랫폼 독점을 키웠다. 중국은 '국가 주도 기술 통제' 모델로, AI를 국가 전략 산업으로 육성하면서 동시에 정보 통제를 강화하고 있다. EU는 '규범 주도 균형' 모델을 지향하는데, 시민권과 생태를 보호하는 엄격한 규제를 펼치면서도 디지털 혁신을 유도하려는 노선이나 성장 지체라는 한계성을 지닌다.

그렇다면 한국은 어디쯤에 위치할까? 한국은 디지털은 선진국이되 생태는 후발국인 비대칭적 구조를 갖는 것으로 평가된다.

---

* 감시 자본주의(surveillance capitalism)는 플랫폼·기기에서 생성된 개인의 행태 데이터를 수집해 '행태 잉여(behavioral surplus)'로 바꾸고, 이를 예측 상품·맞춤형 광고·알고리즘 개입 등으로 수익화하는 경제 질서이다. 서비스 개선을 넘어 관심·선호·동선을 측정·조작해 정보·권력의 비대칭을 키우며, '도구주의 권력(instrumentarian power)'으로서 행동 관리 능력을 확장한다. 이 개념은 쇼샤나 주보프(Shoshana Zuboff)의 2019년 저서 『감시 자본주의의 시대(*The Age of Surveillance Capitalism*)』에서 체계화되었고 사회적 거버넌스에 구조적 위험을 제기한다.

여러 국제 지표가 이를 뒷받침한다. UN 전자정부지수 세계 3위, IMD 디지털 경쟁력은 6위에 오른 반면, 기후변화대응지수(CCPI)는 60위권, 재생 에너지 전환율은 OECD 최하위권이라는 불균형 구조가 관찰된다. 저자는 한국 사회를 디지털 편향과 생태적 지체가 결합된 예외적 경로라고 진단한다.(360-362쪽) 정부의 AI 관련 정책은 정리할 수 없을 정도로 넘치고 있지만, 국가 온실가스 감축 목표(NDC) 달성을 위한 현실적 경로는 제시되지 않는다. 기후변화 대응은 AI만큼이나 중요한 정책 의제임에는 틀림없으나 총론이 각론으로 실행에 옮겨지지 못한 채 계속 기후 부채만 쌓이고 있는 것이다. 새로운 정부의 정책 담론 곳곳에서 강조되는 AI와 대조적으로 기후는 여전히 충분히 논의의 대상으로 오르지 못하고 있다. 디지털 가속 페달은 끝까지 밟고 있으나, 생태 브레이크는 고장 난 차량처럼 듣지 않는 형국이다. 저자는 이러한 불균형이 어디서 비롯되었는지 구조적으로 분석하면서, 동시에 한국이 가야 할 균형 잡힌 전환의 길을 제시한다. 다만 주요 국가가 균형을 잃고 AI 주도 성장을 유일한 가치로 내세우는 가운데 균형 잡힌 성장이 존재할 수 있을지 의문이다.

기술권과 생태 한계: 새로운 관점

이 책의 이론적 배경 중 하나는 '기술권(technosphere)' 개념이다. 미국의 지질학자 피터 해프(Peter Haff)가 제안한 이 개념은 인간이 만든 모든 기술적 인공물과 시스템의 총합을 하나의 자율적 지구 시스템으로 간주한다. 현재 기술권의 총질량은 약 30조 톤에 이르며, 지구 생물권 전체보다도 거대해진 이 인공 생태계는 기권(대기), 수권(해양), 지권(지각), 생물권(생태계)과 밀접하게 상호작용한다. 기술권은 기후변화를 촉진하는 온실가스를 배출하는 한편 정밀한 기

스위스 슈퍼 컴퓨터 알프스의 냉각수 공급 장치. 냉각에 사용된 루가노 호수의 물은 재사용되어
루가노 시에 온수를 공급한다.(출처: 위키피디아)

후 예측 시스템을 만들어 내고, 산업 활동으로 수질을 오염시키면
서도 사물인터넷(IoT) 센서로 수자원을 관리하며, 개발로 생물 다양
성을 파괴하면서도 AI로 멸종 위기종 복원에 나서는 식이다. 저자는
기술권은 환경 문제를 야기하는 동시에 그 해결책을 제시한다며 이
러한 양면성이 기술권의 본질적 특징임을 강조한다.(350-354쪽) 문제
는 이 기술권이 너무 거대해진 나머지 인간의 통제를 벗어나 독립
적 행위자처럼 스스로 움직이고 있다는 점이다. 이 책을 잠시 멈
추고 자문해 본다. 우리는 AI를 비롯한 기술 영역에 제동을 걸 수
있는가? 아니면 기술권의 자기 증식에 속수무책으로 끌려갈 것
인가?

　　결국 핵심은 지구 생태적 한계 내에서 기술을 운용할 수 있는
지에 달려 있다. 유럽이 가장 앞서 시도하는 것이 바로 이 지점이

다. EU 집행위는 디지털 전환과 그린 전환의 동시 추진을 기치로 내걸고, 디지털 기술이 약속된 기후 한계 안에서 작동하도록 법제화했다. 아일랜드 환경부 장관은 AI 인프라 확대 경쟁에 대해 인공지능 개발도 정해진 탄소 예산과 안정적 전력망 한계 안에서 이루어져야 한다고 강조했다.(79쪽) 즉 기술 혁신도 탄소 중립의 틀 내에서 속도를 조절해야 한다는 뜻이다. 이 책이 제안하는 바도 이와 맥을 같이한다. AI를 무조건 규제하자는 것이 아니다. 다만 생태적 원칙을 기술 발전 로드맵 설계 단계부터 내재화해야 한다는 것이다. AI와 데이터센터의 에너지 효율을 높이는 것만으로는 부족하다. 리바운드 효과로 인한 에너지 소비 총량 증가를 막기 위해서는 기술권의 총규모에 대한 사회적 통제와 방향 설정이 필요하다고 저자는 역설한다. 말하자면 기술권에 인간과 생태계라는 안전벨트를 채워야 한다고 주장하는 것이다.

균형 있는 미래를 위한 목소리

『AI와 기후의 미래』는 기술 패권 경쟁에만 매달리는 한국 사회에 근본적 반론을 제기하는 책이다. 미국과 중국의 AI 패권 다툼 속에서 우리 역시 AI 초강대국을 꿈꾸며 모든 정책과 사회적 자원을 쏟아붓고 있지만, 정작 그러한 질주 끝에 무엇이 남을지 성찰이 부족하다고 지적한다. 저자는 궁극적 승리자는 멀리 보고 성장과 생태를 균형 잡는 국가일 것이라고 강조한다.

그러나 현실의 국제 질서는 이상적 기대와 달리 녹록지 않다. 트럼프 1기 행정부 당시 미국 정부는 기후변화를 공공연히 부정하고 국제 협력의 가치를 훼손했다. 게다가 중국 견제를 위해서라면 자국의 환경 규제조차 거리낌없이 완화했다. 다만, 저자는 이 책에서 2025년 2월까지의 상황을 충실히 반영하며 트럼프 2기 행

2025년 1월 25일, 트럼프 미국 대통령이 일련의 행정명령에 서명하고 있다. 여기에는 미국을 파리 기후 협정에서 재차 탈퇴시키는 내용이 포함되었다. (출처: 위키피디아)

정부가 재생 에너지 정책을 급격히 뒤집지는 않을 것이라고 조심스럽게 전망했다. 그러나 시간이 흐르며 트럼프 2기 행정부는 저자의 신중한 전망보다 훨씬 과격하게 기존의 기후 정책 프레임을 완전히 뒤집으며, 어렵게 구축된 미국의 기후 대응 체계를 전방위적으로 파괴하고 있다.

중국 역시 자국의 경제적 이익을 위해 온갖 편법과 약탈적 개발 방식을 추구해 온 전례가 있어 국제 사회로부터 비판을 받아 왔다. 하지만 기후 기술과 기후 산업에 대해서만큼은 차세대 글로벌 패권의 핵심 분야로 인식하고 전략적으로 접근하며 적극적 투자와 균형 있는 발전을 도모하는 이중적 행태를 보인다. 이처럼 중국은 기후위기 대응을 경제적·정치적 영향력 확대의 수단으로 활용하는 기민함을 보여 준다.

한편, 유럽은 기후 대응에서 가장 성숙하고 균형 잡힌 전략을 제시하고 있지만, 미·중 패권 경쟁의 틈바구니에서 상대적으로 입지가 축소되어 국제 사회에서 실질적 영향력을 발휘하지 못하고 있다. 결국, 미·중 대립 구도가 심화될수록 유럽이 주도할 수 있는 합리적인 균형 전략은 동력을 잃고 무력화되는 상황으로 흐르는 것을 피하기 어려워 보인다.

저자는 작금의 국제 정세를 배경으로, 한국이 나아가야 할 길을 모색한다. 우리의 현실은 미국식 무규제 기술 낙관에 경도되면서도 중국식 국가 주도 산업 전략을 혼용하는 불균형적 상황이다. 저자는 이 글로벌 표준 경로에서 이탈한 한국이 기술과 생태의 균형추를 다시 중심에 놓도록 정책 전환을 촉구한다. 눈여겨볼 대목은 저자가 스스로를 '현실주의자'로 규정한다는 점이다. 그는 기술 혁신을 통한 사회 발전 메커니즘을 부정하지 않는다. 오히려 누구보다 적극적으로 기술의 가능성을 탐구해 온 연구자로 볼 수 있다. 다만 그의 현실 인식은 단선적이지 않다. 기술의 장밋빛 미래만 말하지 않고, 그 배면의 어두운 현실까지 직시하자는 것이다. AI를 기후 대응에 활용하자면서 정작 AI 개발로 촉발된 기후 부하를 애써 외면하는 태도야말로 비현실적이라고 지적한다. 오히려 저자는 기술이 지속 가능하려면 통제와 절제가 궁극적 혁신에 도움이 된다는 역설적 주장을 편다. 이는 성장 만능론자들에게는 불편한 소리로 들릴 것이다. 그러나 인류의 생존을 좌우할 기후위기 앞에서, 이런 불편한 '균형의 목소리'에 귀 기울이는 것이야말로 진정 현실적인 선택이 아닐까.

저자의 주장은 우리의 가치관을 시험에 들게 한다. AI 혁신을 향한 세간의 열광과, 그에 제동을 걸어야 한다는 생태학적 양심 사이에서, 우리는 어떤 현실을 선택할 것인가? 나 역시 저자의 논지를 접하며 자문한다. 각자도생의 길로 치닫는 세상에서 '현실적'이라는 것은 과연 무엇인가? 기술 패권과 경제 성장만을 추구하는 현실이 과연 지속 가능한지 되묻는 저자의 주장은 공감할 측면이 분명히 있으나, 한편으로는 이러한 광야의 외침이 혼탁한 현실 속에서 얼마나 설득력 있는 파장을 만들어 낼 수 있을지에 대한 회의가 교차했다. 그러나 분명한 것은, 저자의 목소리가 둔감해진 귀를 깨우는 죽비 역할을 한다는 점이다. 기술 만능의 환상에 제동을 거는 이 균형추가 주는 울림이야말로, 탐욕적 성장만을 외치는 기술 만능론자들에게는 일종의 경종이 될 것이다. 이 책의 의의는 바로 그러한 균형 회복의 동기를 제공하는 데서 찾을 수 있을 것이다. 온실가스 배출 정점 돌파, 폭염과 대홍수의 일상화, 그리고 AI의 광풍이 동시에 밀려오는 현시점의 대한민국에 이보다 시의적절한 문제 제기가 또 있을까.

혼탁한 세상에 던지는 균형추

『AI와 기후의 미래』는 기후위기 시대에 AI에 의한 기술 혁신을 어떻게 받아들여야 할지 그 근본부터 되묻는 책이다. 첨단 기술에 열광하는 공동체 담론장에 작심하고 무거운 추를 놓는다. 전 세계적으로 AI 열풍이 불고, 각국 정부와 자본이 맹목적으로 초거대 AI 개발 경쟁에 뛰어드는 현실에서 이 책의 경고는 더욱 처절하다. AI 패권 경쟁에서 뒤처지면 미래가 없을 것이라는 불안감이 엄습하지만, 정작 기후재앙 앞에서 그 미래 자체가 사라질 실존적 위험은 간과되는 현실을 우리는 직시해야 한다. 기술 각축전에 가려진 기후위기의 실상을 다시 들여다보고 지속 가능한 혁신이란 무엇인지 근본적 성찰을 요구하는 이 책은 혼란한 시대에 균형을 잡기 위해 귀 기울여야 하는 목소리다. 기술과 자본의 폭주를 견인할 생태의 균형추를 찾는 것은 더 이상 미룰 수 없는 과제다. 이 책은 우리에게 바로 그 균형추가 어떻게 만들어질 수 있는지를 보여 주었다. 남은 과제는 사회가 그 무게를 진지하게 받아들이는 것이다. 혁신과 생존이라는 두 마리 토끼를 잡기 위해서라도, 혁신의 방향타를 쥔 이들—정책 입안자, 기업인, 연구자—은 물론이고 AI 시대를 살아가는 시민 모두가 『AI와 기후의 미래』에 담긴 제언에 귀 기울일 필요가 있다. **서리북**

김선교

한양대학교에서 공학 학사를, 서울대학교에서 공학 석·박사 학위를 받았으며, 한국전력공사 경제경영연구원을 거쳐 현재는 한국과학기술기획평가원에서 국가과학기술 정책 기획 및 평가, 탄소중립/기후 관련 기술 R&D 기획 및 평가하는 일을 해오고 있다. 에너지 정책과 관련된 연구를 진행하고 있으며, 에너지 전환을 위한 글과 말을 전달하는 역할을 하고 있다. 『에너지로 바꾸는 세상』(2019)을 함께 썼고, 『에너지 전환 전력산업의 미래』(2018), 『그리드』(2021), 『모든 것을 전기화하라』(2025)를 함께 번역했다.

📖 『무엇이 대전환을 만들었는가』는 에너지·기술·경제·
사회가 얽혀 만들어 낸 거대한 변화의 궤적을 냉정하게
보여 주는 책이다. 스밀은 단순히 '밝은 미래' 혹은 '재앙적
미래'라는 양극단의 서사에 기대지 않는다. 대신 수치와
사례를 통해 전환의 복잡성과 성취, 그리고 그 속도의 현실을
보여 준다. 우리가 복잡한 문제를 단순하게 해석하고 피상적
지식으로 세상을 쉽게 해석하고자 하는 본능적 시도를
이 책은 꾸짖는 것 같다. 다시 말해, 이 책은 불확실한 미래를
과도하게 단순화하지 않고, 우리가 서 있는 자리와 나아갈
길을 사실과 역사 속에서 확인하게 만든다. 좋은 답은 주지
않지만 대신 좋은 질문거리를 잔뜩 안겨 준다.

"이 책의 존재 이유는 (누군가에게는) 과도한 수치들의
나열을 통해 이런 부정할 수 없는 성취의 기원을 설명하고
발전 궤적을 따라가는 것이다. 필자는 이런 식의 접근이
대전환들의 복합적 측면을 기록하고, 많은 우려스러운
결과뿐만이 아니라 주목할 만한 성취도 보여 주며, 이어지는
과정의 획기적인 성과와 내재한 복잡성을 전달하기 위해
필요하다고 믿는다. 이런 이유로 이후에 벌어질 전환들을
평가할 때 실패와 성공 중 하나만을 주요 본보기로 삼는
것을 거부한다. 필자의 이런 입장은 음울하고 재앙적이거나
아니면 그저 눈부시고 밝기만 한 미래를 주장하는
사람들과는 다소 대조적으로 보일 것이다." — 책 속에서

『무엇이 대전환을
만들었는가』
바츨라프 스밀 지음
안유석 옮김
처음북스, 2025

📖 『광장과 타워』를 추천하는 이유는, 위계적 질서(타워)와
수평적 네트워크(광장)가 맞서고 협력하며 역사를 형성해
온 과정에서 새로운 시각을 제시하기 때문이다. 결국
위계는 무너졌고 인터넷은 네트워크를 상징한다. 그렇다면
인공지능은 무엇을 상징할까? 새로운 위계일까? 아니면
더 강화된 네트워크일까? 기후 문제를 풀려면 결국 사회적
연대가 필요하다. 기후위기의 시대 우리는 간절히 필요한
네트워크를 어떻게 형성할 수 있을까? 기후와 인공지능과
무관해 보이는 책이지만 모든 주제는 연결되어 있고
이 역시 그렇다.

"이 책은 고대에서 아주 최근에 이르는 동안 여러 네트워크와
위계 조직들이 어떻게 상호작용을 맺어왔는가에 대한
이야기를 풀어놓을 것이다." — 책 속에서

『광장과 타워』
니얼 퍼거슨 지음
홍기빈 옮김
arte, 2019

『모든 것을 전기화하라』
사울 그리피스 지음, 전현우·김선교·권효재 옮김
생각의힘, 2025

낙관주의자의 플레이북으로 충분할까:
모든 것의 전기화, 모든 사고의 현실화

김현우

"전기화하라(Electrify)"는 책 제목을 보니 밥 딜런의 일화가 떠오른다. 통기타 가수로 미국 전역에 청년 문화의 신드롬을 몰고 왔던 밥 딜런은 1965년 7월 25일 뉴포트 포크 페스티벌에서 마침내 일렉 기타를 손에 든다. 이 악기가 포크 가수에게 불경한 것으로 여겨졌던 이유는 자연스러움에 반(反)했기 때문이었을 것이다. 기타 줄과 소리통의 울림을 증폭하는 데 그치지 않고 음량과 음색과 장력을 자유로이 운용하고 조합할 수 있는 새로운 악기, 그래서 1950년대부터 로큰롤의 장을 열었던 이 인공적 악기의 불경함을 밥 딜런은 팬들의 야유를 무릅쓰고 기꺼이 받아들였다. 에디슨과 테슬라가 열어젖힌 세계 속으로 우리도 들어가고 그것을 표현과 전달 방법으로 삼아도 괜찮다는 메시지였다.

뉴포트에서는 큰 소동이 일었지만, 좀 지나고 나니 별일도 아니었다. 포크록은 하나의 장르가 되었고 더욱 많은 응용 실험이 이어졌다. 하지만 여전히 어쿠스틱 악기를 고수하는 음악인들도 많이 있다. 그리고 록스타들도 가끔은 어쿠스틱 콘서트만이 갖는 아름다움과 즐거움을 찾는다. 세상의 많은 것들은 이렇게 혼재되어 작동한다. 하지만 되돌리기 어려운 변화도 확실히 있다. 음악의 전기화가 그렇고 티핑포인트를 넘어선 것으로 보이는 지구 온난화도 그렇다. 사울 그리피스는 이 책에서 되돌리기 어려운 이 커다란 두 변화를 연결한다.

전기화로만 해결할 수 있는 것

이 책의 메시지는 제목처럼 분명하다. 화석 연료 연소에서 발생하는 온실가스를 전면적으로 그리고 빨리 줄여야 하고, 그것은 탄소를 배출하지 않는 발전원과 전력 소비 기기로의 전환을 통해서만 가능하다. 우리는 이미 전기 없이 살 수 없는 세상에 살고 있지만, 그 정도 수준을 뛰어넘어 아예 거의 모든 에너지를 전기 에너지로 바꾸어야만 한다. 하지만 시장과 개별 행위자에게 맡겨 두어서는 그런 전면적 전환은 요원하기에 전환의 그림을 공유하고 촉진 또는 강제할 수 있는 모든 수단을 이야기해야 한다. 저자가 시도하는 것은 바로 이러한 이야기다.

　전기화를 다룬 책이 처음은 아니지만, 그리피스의 책은 데이터의 요령 있는 조합을 통해 주장을 설득력 있게 뒷받침한다. 그런 부분은 여러 군데에서 찾을 수 있다. 첫 번째 장면은 정책 수단별 채택률 시나리오(52쪽)다. ‘마법’을 쓸 수 있는 게 아니라면, 강력하고 전면적인 기술적 변화(화석 연료 기기의 조기 폐기 후 100퍼센트 교체)만이 1.5도 이내 상승 경로를 보장할 수 있다. ‘보이지 않는 손(자유 시장)’에만 맡겨 두거나 소규모 보조금 지급, 혹은 낮은 탄소세 부과 정도로는 에너지 체제의 관성을 절대로 바꿀 수 없음을 역설한다. 두 번째 장면은 주요 부문(정부, 주거, 산업, 교통, 상업)들에 대해 세밀하게 작성한 샌키 도표(에너지 흐름도)들이다. 저자가 제시한 스파게티 가락처럼 펼쳐지는 부문별 에너지의 흐름을 통해 우리는 화석 에

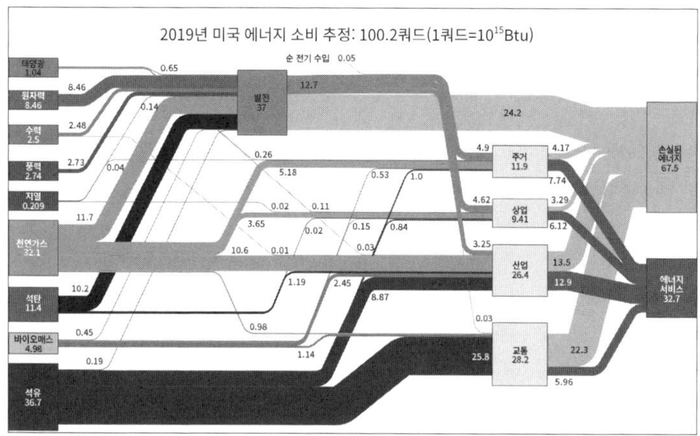

2019년의 LLNL 샌키 도표, 에너지의 더 많은 부분이 낭비된다는 점을 제외하면 대체로 동일하다 (그러나 이는 방법론 차이에 기인한 것이다).
(출처: 로런스 리버모어 국립연구소, "에너지 흐름 차트: 에너지, 물, 탄소 간의 복잡한 관계 도표화", 2020)

너지를 이용하는 체계 중 무엇을 바꿀 수 있고 무엇을 바꾸기 어려 운지, 그리고 다른 그림을 어떻게 그릴 수 있을지를 입체적으로 조 망할 수 있다.

세 번째 장면은 샌키 도표의 작업이 현실적인 미래 시뮬레이 션으로 이어지는 부분이다. 그리피스는 전기화가 오히려 에너지 사용을 줄이므로 온실가스 배출도 크게 줄일 수 있다고 말한다. 이 는 무엇보다 화석 에너지를 열과 전기로 전환하는 과정에서 불가 피하게 발생하는 에너지 손실을 줄이고 최적화할 수 있기 때문이 다. 또한 에너지뿐 아니라 다른 자원의 총이용량도 줄일 수 있다. 발 전량을 늘리더라도 전기화를 통한 절감 효과를 모두 고려하면, 우 리가 현재 사용하는 1차 에너지의 약 42퍼센트만 재생 에너지 등 으로 공급하면 그 수요를 감당하기에 충분하다는 결론에 이른다.

이 장면에서 저자가 더욱 강조하고자 하는 것은 전기화를 거쳐도 우리의 삶은 예상외로 극적으로 달라지지 않는다는 점이다. 철도나 대중교통 사용을 강제할 필요도 없고 소비자의 온도 조절 장치 설정을 바꾸라고 강요할 필요가 없으며, 적색육을 좋아하는 미국인들에게 채식주의자가 되라고 요구할 필요도 없다.(117쪽)

네 번째 장면은 전기화로 가는 과정에서 예상되는 여러 기술적 문제들이 충분히 해결 가능하다는 것이다. 재생 에너지의 간헐성과 변동성 문제가 대표적 난제로 지적되는 문제다. 그렇지만 저자는 이러한 난제도 해결 가능함을 역설한다. 예를 들어 배터리 기술의 눈부신 발전과 여러 저장 장치와의 결합을 통해 일종의 '에너지 특이점'을 통과할 수도 있다. 시간과 계절별로 보완 효과를 갖는 다양한 재생 에너지 발전원 믹스, 전기자동차의 전력 역전송, 그리고 전력 수급의 지리적 특징과 이를 활용하기 위한 제도적 장치를 결합하면 우리는 에너지의 초과 공급을 시스템의 표준적 상태로 운영할 수도 있다.

사실 이 책에서 제시하는 기술적 검토가 아주 새로운 것은 아니다.* 그리피스 본인도 에너지 공학자이자 사업가이기도 하며, 그런 만큼 기술과 정책을 포괄하는 종합적인 시야를 갖고 정부와 시민에게 호소할 만한 메시지를 만들어 내기 적절한 위치에 있는 전문가다. 그러나 다른 저자들과는 달리 그리피스는 한 단계 더 나아간 기술적 검토를 보여 준다. 이 책의 원제(전기화하라: 우리의 청정 에너지 미래를 위한 낙관주의자의 플레이북)가 말해 주듯, 낙관적인 변화가 가능

---

* 이 책의 공동 역자 중 한 사람인 김선교가 대표 번역한 페레이둔 P. 시오샨시 지음, 『에너지전환: 전력산업의 미래』(이모션미디어, 2018), 그리고 그레천 바크 지음, 『그리드: 기후 위기 시대, 제2의 전기 인프라 혁명이 온다』(동아시아, 2021)는 이런 기술적 쟁점과 시장 및 제도 상황을 이미 폭넓게 검토하고 있다.

그리피스는 재생 에너지가 화석 연료를 대체해 전면 전기화를 이루는 핵심 동력이며, 이를 통해
기후위기의 주범인 탄소 배출을 근본적으로 줄일 수 있다고 강조한다.(출처: Unsplash)

하다는 것을 기술적 검토는 물론 대중 친화적 메시지로 전달하는
것이 이 책의 큰 미덕으로 볼 수 있다.

하지만 어렵고 골치 아픈 문제에 대해 주장이 선명하다는 것
은 어떤 것을 단정하고 누락하고 있다는 뜻일 수도 있다. 예를 들
어 저자가 인정하듯 이 책은 미국의 가정을 기준으로 현황을 분석
하고 기술적 대안을 제시하며 그것이 세계적 변화의 지렛대가 될
것이라고 쉽게 가정한다. 그리고 모든 것의 전기화를 가로막는 사
회정치적 요인을 단지 데이터나 인식의 문제로 축소하여 보는 인
상도 있다. 또한, 저자는 화석 연료의 대체를 전기화로 향하는 경로
의 중심으로 언급하지만, 생산과 소비 자체의 변화는 다루지 않고
오히려 그래서는 안 된다고 본다. 이를 포함해 그리피스가 개진한
주장의 타당성을 몇 가지 논점에서 다시 살펴보자.

데이터 역시 정치적이다

첫째, 데이터가 가능성과 필수성을 보장하지는 않는다는 점을 지

적할 수 있다. 저자는 "정치적으로 가능한 것이 무엇인가?"라는 질문으로 시작해서는 안 된다고 본다. 현실에서 쉽게 가능한 것이 아니라 기후 문제 해결을 위해 기술적으로 무엇이 필수적인지, 그리고 그것이 어떻게 미국 경제에 큰 이익이 될 수 있는지를 이야기함으로써 정치적 가능성 자체를 변화시켜야 한다는 입장이다. 그런데 저자가 자부하는 이런 객관성과 현실성이 모두에게 자명한 것만은 아니다. 에너지 믹스 문제가 대표적이다. 저자는 어떤 기술이 최종적으로 승리할 것인지에 대해 불가지론적 입장을 취하려 하지만, 가능성 있는 기술적 대안을 탐색하는 것을 포기하지는 않는다. 그는 일단 재생 에너지 기술의 편이며, 100퍼센트 물, 바람, 태양(Water, Wind, Sun, WWS)만으로 에너지 시스템을 운용할 수 있다는 스탠퍼드 대학의 마크 제이콥슨의 아이디어에 동의를 표한다.(122쪽) 그가 취하는 불가지론은 이미 재생 에너지의 필터를 거치고 있는 것처럼, 모든 연구자와 정책가는 자신만의 확증 편향이 있음을 부인할 수 없다. 예를 들어 그리피스는 원자력은 정확한 비용, 기저부하 전원의 필요성, 환경적 문제 해결 비용들을 고려해서 보수적으로 바라보아야 하며, 자신이 전권을 갖는다면 원자력 없는 더 단순한 삶을 선택할 것이라고 말한다. 물론 그는 이를 다른 사람들에게 강요할 수는 없다고 생각하며, 핵융합 에너지 같은 다른 핵 에너지 방식에 대해서도 회의적이다. 그런데 한 번 생각해 보자. 저자가 그런 입장이라면 굳이 원자력을 계속 에너지 믹스에서 유의미한 옵션으로 고려해야 할까? 사실 핵 에너지는 정치적 선택과 경제적 최적에 대한 판단을 분리하기 어렵다.*

---

* 이런 확증 편향은 에너지 경제학자 바츨라프 스밀에게서도 마찬가지다. 그는 현대 문명이 전기 에너지뿐 아니라 암모니아, 플라스틱, 강철, 콘크리트라는 네 기둥으로 이루어지고 있어서 쉽게 대체하기 어렵다고 본다. 그리고 원자력에 대한 위험이 대중에게

둘째, 저자는 기후 비상사태를 넘으면서도 '후회 또한 없는 길'을 제시하고자 한다. 이 표현은 에이머리 로빈스(Amory Bloch Lovins)의 1976년 논문 제목의 "가지 않은 길(The Road Not Taken)"을 떠올리게 한다. 그런데 이 후회 없는 길은 과연 하나일까? 그리피스는 1970년대 사고 방식을 책 전체에 걸쳐 여러 번 비판한다. 그에 따르면 1970년대에 오일 쇼크에 대한 대응은 두 가지 사고 방식을 남겼으니, 하나는 수요 측면의 효율성으로 에너지 문제를 해결할 수 있다는 믿음이고, 다른 하나는 더 새로운 에너지 공급 방식의 확대가 필요하다는 믿음이었다. 그러나 이러한 믿음은 오늘날 그려야 하는 큰 그림을 보지 못하게 할 수 있음을 그리피스는 역설한다.(76-77쪽) 효율화 기술로 에너지 소비를 10퍼센트 정도 줄인다 하더라도 거대한 전기화를 통해 달성해야 할 탄소 중립의 발끝의 규모에도 미치지 않는다고 주장하는 것이다. 게다가 "줄이고, 재사용하고, 재활용하라(reduce, reuse, recycle)"라는 짧은 주문으로 대표되는 1970년대식 호소는 책임을 개인에게 돌리고 실제로는 전환의 과제를 오히려 흐리게 하는 효과를 발휘함도 지적한다. 그렇기에 2020년의 사고방식은 효율이 아닌 전환에 초점을 맞추어야 한다는 논지로 연결된다. 확실히 저자의 지적처럼 1970년대 방식의 '효율화'로만 무탄소를 달성하려는 것은 가당치 않다. 그러나 지미 카터의 길은 틀린 것이었을까? 그리고 과연 1970년대의 관점은 공급과 수요를 이분법으로 보고 작은 해법에만 골몰했던 것이었을까?

그런데 그리피스가 우호적으로 참고하는 록키마운틴 연구소

과장되어 있다고 본다. 하지만 그 역시 차세대 핵 에너지의 가능성에 대해서는 현실적 근거가 부족한 낙관론을 고수한다. 바츨라프 스밀 지음, 강주헌 옮김, 『세상은 실제로 어떻게 돌아가는가』, 김영사, 2023.

의 대표자가 바로 에이머리 로빈스다. 로빈스는 1976년에 《포린 어페어스》에 발표한 앞서 언급한 논문, 「에너지 전략: 가지 않은 길?(Energy Strategy: The Road Not Taken?)」에서 에너지 정책에 두 개의 길이 있다고 말한다. 하나는 당시의 선진국 정부와 기업들이 선호했던 것과 같이 화석 에너지와 핵 에너지의 중앙 집중식 공급에 치중하는 경성 경로이며, 다른 하나는 에너지 효율화와 재생 에너지의 유연하고 지역 분산적인 수급과 민주적 논의를 중심으로 하는 연성 경로다. 로빈스는 화석 연료와 핵 발전을 유지 또는 확대하면서 재생 에너지도 늘릴 수는 없으므로, 연성 에너지 경로가 전 세계의 정치적 스트레스를 경감시킨다고 주장했다.

　　로빈스가 말했던 선택받지 못했던 길은 단순한 효율화와 절약의 길이 아니었다. 연성 경로라는 것은 그냥 이름처럼 말랑말랑한 것이 아니라, 기술 특성상 반응적이고 정치적으로 민주적인 길을 의미하는 것이다. 물론 분산형 재생 에너지가 그런 특성이 있지만 그 장점이 자동적으로 발현되는 것은 아니다. 그러나 적어도 화석 에너지와 핵 에너지가 그런 장점과 반대되는 경성의 특징을 갖는 것을 부인할 수 없다.

　　"지미 카터 대통령이 에너지 절약 조치를 언급하며 백악관의 온도 조절기를 낮추고 카디건을 입은 것으로"(97쪽) 유명한 1977년 연설도 단지 에너지 절약만으로 문제를 해결하자는 뜻은 아니었다. 말하자면 지금의 '지구행성적 경계'*의 메시지를 환기하며, 불안정성과 고통을 정부와 시민 모두가 감내할 준비를 해야 한다는 말이었다. 카터의 표현 방식이 진부하게 다가왔을 수는 있지만,

---

* 요한 록스트룀, 오웬 가프니 지음, 전병옥 옮김, 『브레이킹 바운더리스: 기후 위기를 극복하기 위한 담대한 과학』, 사이언스북스, 2022. 지구행성적 경계 연구자들 스스로도 자신들의 작업이 1972년 '성장의 한계' 연구의 연장선상에 있다고 설명한다.

1970년대식 방식과 2020년대 방식을 완전히 분리된 것으로 보는 그리피스의 단선적 판단은 과도해 보인다. 게다가, 재생 에너지의 변동성 대응을 위해 모든 분야에서 에너지 저장 장치로 활용할 수 있는 것은 최대한 활용하고, 전력 부하 발생 시간을 조절할 수 있는 곳에서는 이를 적극적으로 시행해야 한다(155-156쪽)는 그리피스의 설명은 과연 1970년대식 접근과 얼마나 다른 것인가? 이러한 설명은 아마도 그리피스가 미국식 생활 방식과 정서를 침해해서는 전기화와 에너지 전환이 대중적 호소력을 갖기 어렵다는 강박 관념에서 비롯된 것으로 보인다. 그리피스는 변동성 대응은 귀찮고 골치 아픈 방식이어서는 안 되고, 에너지 가격도 올라서는 안 되며, 적색육도 계속 먹을 수 있게 해야 한다는 방식을 주장한다. 그런데 이는 저자가 2차 대전과 뉴딜 시대의 동원 경험을 상기시키면서 전환이 어렵지 않다고 말하는 것과는 정합되지 않는다. 과연 대공황과 2차 대전 때 미국 시민들이 아무런 어려움 없이 살았고 정부는 모두를 쉽게 설득할 수 있는 정책만 펼쳤던가?

셋째, 그리피스는 계속 성장하는 경제를 전제로 한다. 그에게 있어 전기화야말로 경제 성장 지속을 담보하는 방법일 것이다. 하지만 이와는 다른 시각을 갖는 기후학자와 환경 경제학자들도 늘어나고 있다. 로렌츠 카이서와 만프레드 렌젠의 연구가 이러한 시각을 잘 보여 준다. 그들이 2021년 5월 《네이처 커뮤니케이션즈》에 게재한 논문*은 네거티브 탄소 배출과 투기적 수준의 기술 변화에 대한 의존을 피할 수 있는 탈성장 시나리오의 잠재력을 검토했다. 이들은 연료-에너지-배출의 정량적 관계 모델을 사용하여

---

* Lorenz T. Keyßer & Manfred Lenzen, 2021, "1.5 °C degrowth scenarios suggest the need for new mitigation pathways", *Nature Communications* volume 12, Article number: 2676.

탈성장 시나리오를 IPCC 원형 시나리오와 비교했는데, GDP가 증가하지 않는 시나리오가 재생 에너지에 대한 의존과 위험을 줄이면서 기온 상승 1.5도 경로를 달성할 수 있다는 결과를 보여 주었다. 물론 이 논문의 결론은 그런 시나리오의 정치적 실현 가능성과 관련해 상당한 도전이 남아 있음을 언급한다. 그럼에도 불구하고, 앞으로 어떤 탄소 중립 시나리오든 탈성장 경로들이 포함되어야 함을 저자들은 주장했다.

하지만 이런 탈성장 시나리오는 애초 그리피스의 시야에 들어 있지 않다. 대신에 그리피스는 재생 에너지 변동성을 수용하는 방법으로 초과 공급과 초과 용량으로 전력 시스템을 구축할 것을 제안한다. 그리고 여름철의 초과 에너지는 수소나 암모니아 생산, 혹은 대기 중 탄소를 제거하는 데 사용될 수 있다고 본다. 나아가 "청정하고 탄소로부터 자유로운 미래는 압도적인 에너지 초과 공급을 준비할 때 비로소 가능해질 것"(166쪽)이라고 언급한다. 이러한 모든 주장은 경제 성장을 포기하지 않는다는 것을 가정하고 있다. 그러나 이러한 주장에 모두 동의하기는 어렵다. 전기화의 중요한 효과 중 하나는 에너지 수급 전체 규모를 줄일 수 있다는 것인데, 그럼에도 불구하고 저자가 변동성 대응 방법이 초과 용량 활용이라고 주장하는 것은 모순적이다. 분산화되고 소형화된 에너지 수급 시설은 적응하기까지 다소의 불편함과 시행착오가 불가피하지만, 저자는 이를 회피하고 재생 에너지가 계산하기 어려울 정도로 저렴해질 것이므로 초과 확장하는 게 낫다는 입장을 취하는 것이다.

한편 그리피스는 전기화를 일자리 문제 해결 메커니즘으로도 언급한다. 그는 재생 에너지가 수많은 일자리를 만들 수 있다는 데이터를 보여 준다. 하지만 이런 수치가 필요한 지역과 집단의 일자리를 반드시 보장하는 것은 아니다. 그리고 저자도 지나가면서 언

급하듯, 보편적 기본소득이나 주 3일로 노동시간 단축 같은 해법도 고려될 수 있다.(248쪽)

더구나, 기존의 풍부와 풍요라는 기준과 판단을 고수할 필요도 없다. 인식적으로 그리고 감정적으로, 새로운 풍요와 충족성이라는 메시지를 도외시할 필요가 없다.* 물론 이 역시 성장이 없거나 GDP 지표상의 경제 성장이 상대화된 미래를 시나리오에 포함할 때 열릴 수 있는 논의다.

넷째, 낙관주의자의 플레이북은 너무 문제를 가볍게 만든다. 그리피스는 가능한 행동의 촉구, 특히 미국 가정의 변화, 개인 인프라의 활용, 새로운 금융 제도, 그리고 기업의 동참을 새로운 동력으로 제시하고자 한다. 이런 요소와 주체들이 함께할 수 있는 플레이북을 제공하고자 하는 것인데, 그러나 갈등과 긴장은 생각을 바꾸라는 호소로 사라지는 게 아니다. 그리고 저자는 "투쟁은 멈추고 협력을 시작하라"(221쪽)고 하지만, 이 두 가지도 배타적 관계는 아니다. 다시 그리피스가 거듭 환기하는 2차 대전과 뉴딜 그리고 민권 운동의 비유에 대해 말하자면, 이런 역사적 사례들도 좋은 이야기로 만들어진 것은 아니었다. 갈등을 통한 협상, 투쟁을 통한 쟁취가 있었기 때문이었다.

열려 있는 미래와 가야 할 길

그리피스의 책은 시사적이고 유용하다. 우리에게 가능한 것과 필요한 것을 들여다보게 하고, 지금의 현실이 무엇에서 막혀 있고 무엇을 돌파해야 할지를 알려 준다. 특히나 에너지 전문가부터 정책

---

* 다른 방식의 풍요와 쾌락에 대해서는 케이트 소퍼 지음, 안종희 옮김, 『성장 이후의 삶: 지속가능한 삶과 환경을 위한 '대안적 소비'에 관하여』(한문화, 2021)를 참고할 수 있다.

가, 노조 지도자, 시민들에게 당신이 무엇을 할 수 있는지를 말한다.

하지만 이 책에서 제시하는 도구와 아이템이 완성된 지침을 주는 것은 아니다. 그리피스의 주문을 예를 들어 『플랜 드로다운』*의 그것과 비교해 보자. 폴 호컨의 연구팀은 온난화를 저지할 정도로 의미 있는 탄소 감축을 가능케 할 80개의 솔루션을 예상 감축량과 비용까지 계산해서 비교했다. 하지만 이 목록이 곧 어느 부문의 누가 무엇을 실행함으로써 탄소를 줄이고 기후위기를 해결한다는 계획서인 것은 아니다. 그리피스의 전기화 아이템과 목록도 마찬가지다. 즉, 유력한 참고가 되는 옵션의 목록이다. 결정되지 않은 유동적인 미래에 대한 지도가 완성될 수 없더라도 우리는 길을 나서야 한다. 이런 '가지 않은 길'을 가면서 더 유용한 것은 나침반과 대화다.

대중음악의 전기화로 대중음악의 경로가 다 결정된 것은 아니었다. "모든 것을 전기화하라"는 요청만큼 중요한 것은 기후와 에너지의 모든 것을 미래 지향적으로, 동시에 현실적으로 생각하고 토론하라는 것이다. 서리북

---

* 폴 호컨 지음, 이현수 옮김, 『플랜 드로다운: 기후변화를 되돌릴 가장 강력하고 포괄적인 계획』, 글항아리사이언스, 2019.

김현우

탈성장과 대안 연구소 소장. 한국노동사회연구소 연구위원, 진보신당 정책연구원, 에너지기후정책연구소 연구기획위원으로 활동했다. 지은 책으로 『안토니오 그람시』, 『정의로운 전환』, 옮긴 책으로 『녹색 노동조합은 가능하다』, 『GDP의 정치학』, 『적을수록 풍요롭다』(공역), 『우리가 구할 수 있는 모든 것』(공역), 『심층적응』(공역), 『미래는 탈성장』(공역), 『블루 뉴딜』 등이 있다.

📖 이 책은 그리드가 기술이자 물리적 인프라이며 동시에 제도와 문화이기도 하다는 점을 강조한다. 극심한 변동과 간헐성을 특징으로 하는 재생 에너지를 그리드에서 소화하는 일은 필수적이지만 돈이 들고 저항을 극복해야 하는 일이다. 지미 카터 시대의 논의와 시도가 지금의 과제와 연결되어 있다는 것도 알 수 있다.

"아주 중요한 문제는, 그리드가 이처럼 거대한 재생 에너지 확장 계획의 시야에서 벗어나 있다는 데 있다. (……) 이 기계가 가진 놀라울 정도의 복잡성을 파악해 이를 변화시키지 못하는 한, 우리는 낮과 밤을 더 밝게 밝힐 수도, 기상이변을 줄이고 지구 가열을 어느 선 이하로 억제하는 데 성공한 미래로 나아갈 수도 없다."— 책 속에서

『그리드』
그레천 바크 지음
김선교·전현우·최준영 옮김
동아시아, 2021

📖 지구 시스템과 지속 가능성을 연구한 저자들은 경제학자나 정치학자들보다 훨씬 과감하고 정직한 주장을 펼친다. 지구가 제공하는 천연 자원을 가공해 경제 성장을 추구하는 방식으로는 '지구 위험 한계선' 돌파를 해결할 수 없다는 것이다. 이 책은 전기와 기술 해법보다 훨씬 넓고 입체적인 시야를 제공해 준다.

"우리가 살펴본 (사회 변화의) 4가지 티핑 포인트, 즉 사회와 정치, 경제와 기술에 대한 티핑 포인트는 우리의 초능력이나 마찬가지이다. 하나만 제대로 성공해도 지구 온난화를 조금 완화시킬 수 있을 것이다. 그러나 최적의 시나리오는 이 요소들이 서로 결합해 더 큰 효과를 발휘하는 것이다."
— 책 속에서

『브레이킹 바운더리스』
요한 록스트룀·오웬 가프니
지음
전병옥 옮김
사이언스북스, 2022

『적응하라 기후위기는 멈추지 않는다』
로버트 핀다이크 지음, 이지웅 옮김
시크릿하우스, 2025

기후재앙에 대비해 감축하고 적응하라

오형나

『적응하라 기후위기는 멈추지 않는다(*Climate Future: Averting and Adapting to Climate Change*)』에 대한 나의 서평은 저자가 반복적으로 사용하고 있는 '불확실성', '적응', 그리고 '비용 효과적인 기후 정책'이라는 세 개의 키워드를 중심으로 진행해 보고자 한다.

첫 번째 키워드, 불확실성의 존재와 기후 정책에서의 의미

이 책의 저자는 기후변화에 대한 연구를 시작하기 전에는 불확실성 연구로 유명했던 로버트 핀다이크(Robert Pindyck) MIT 석좌교수다. 저자는 이 책의 서문과 제4장 도입부를 불확실성에 대한 무지나 과소평가가 만들어 낸 주장에 대한 경고로 시작한다.

> "우리가 읽는 책, 논문, 언론 보도는 기후변화와 그 영향에 대해 실제보다 훨씬 더 많이 알고 있는 것처럼 착각하게 만든다. 마찬가지로, 논평가와 정치인들은 우리가 지금 당장 조치를 취하지 않고 이산화탄소 배출을 급격히 줄이지 않으면 무슨 일이 벌어질 것이라고 단언하곤 한다. 마치 정말로 앞으로 무슨 일이 일어날지 알고 있는 것처

럼 말이다. 그들은 이런 일이 발생할 수도 있다고 말하지 않으며, 그
런 일이 반드시 일어날 것이라고 주장한다.”(144쪽)

저자가 사용한 ‘발생할 수도 있다’는 표현은 이미 불확실성을
내포한다. 대부분의 기후변화 연구자들은 불확실성 개념을 사용
해 기후변화와 기후 정책을 설명해 왔다. 예를 들면, 과학자들은 우
리가 생산과 소비 방식을 지금처럼 유지하면 기후 시스템이 임계점
(critical point)에 도달할 가능성이 크고, 그 결과 지구 평균 기온이 섭
씨 5-6도 상승할 가능성이 크다고 전망해 왔다. 여기서 임계점이
란 온난화로 인해 영구 동토층이 녹아 더 많은 온실가스가 배출되
고 이렇게 배출된 온실가스가 다시 온난화를 증폭하는 것처럼, 원
인이 결과를 낳고 그 결과가 다시 원인을 증폭하는 상황의 시작점
을 지칭한다. 기온이 5-6도 상승하면 파괴적인 기후재앙이 발생할
수 있기 때문에 이를 막기 위해 과학자들과 국제 사회가 설계한 시
나리오는 전 세계 온실가스 배출량을 2020년부터 선형으로 줄여
2100년에는 제로(0)에 도달하게 함으로써 지구 평균 기온 상승
을 2도 또는 1.5도 이내로 제한하는 것이다.

저자의 관점에서 보면 이 내용 모두가 불확실성을 과소평가
한 결과다. 1장부터 4장까지 ‘모른다’는 표현을 수없이 반복하며
저자가 설명한 핵심 내용은 앞으로 대기 중 이산화탄소 농도가 어
떻게 변할지, 이산화탄소 농도가 높아지면 지구 평균 기온이 얼마나
상승할지 우리는 사실 잘 모른다는 것이다. 기후변화로 인한 잠재적
피해의 범위에 대한 무지나 불확실성이 갖는 심각성은 더 크다. 저
자는 “실제로 우리는 온도와 해수면 상승이 경제와 사회 전반에
끼칠 영향에 대해 아는 것이 거의 없다”(129쪽)고 단호하게 답한다.

그렇다면 이러한 불확실성이 기후 정책에서 갖는 함의는 무

엇일까? 저자는 하버드대학교 교수 로버트 스타빈스(Robert Stavins)와의 인터뷰에서 기후변화와 기후 정책에 관련된 불확실성은 무엇이며, 이 불확실성이 기후 정책에서 가지는 함의는 무엇인지 설명하는 것이 본인의 관심사이자 이 책의 집필 동기라고 설명한 바 있다. 핀다이크는 이 책에서 기후변화가 경제에 미치는 영향이 사실상 제대로 알려져 있지 않으며 불확실성이 큰 만큼, 피해 규모 역시 아주 미미한 수준에서부터, 보통, 크거나 매우 크거나, 심지어 상상할 수 없을 만큼 엄청난 수준에 이르기까지 매우 광범위하다는 점을 강조한다. 이는 곧, 우리가 오늘 아무 조치를 취하지 않을 경우 미래에 겪을 후회의 정도 또한 거의 없을 수도, 혹은 무한대에 가까울 만큼 클 수도 있다는 의미다. 불확실성과 더불어 핀다이크는 또 하나의 중요한 개념을 소개하는데, 바로 기후변화 피해의 '비가역성(irreversibility)'이다. 한 번 발생한 피해는 다시 원래 상태로 되돌릴 수 없다는 특성이 바로 그것이다. 그는 책의 167쪽에서, 기후변화 피해가 불확실할 뿐만 아니라 되돌릴 수조차 없다면, 선택지를 열어두는 것 자체가 가지는 가치, 즉 '옵션 가치(option value)'를 감축 정책의 편익에 포함해야 한다고 주장한다. 이러한 옵션 가치가 편익에 더해지면, 감축 정책을 대상으로 한 비용-편익 분석의 저울에서 편익의 무게가 더욱 커지고, 그 결과 감축을 선택할 유인이 커진다. 그런데 기후 정책에는 또 다른 비가역성이 존재한다. 그것은 매몰비용을 회수할 수 없다는 의미에서의 비가역성이다. 이 경우 국제 사회는 감축을 미루는 것, 즉 기다리는 것이 옵션 가치를 가지며 비용-편익 분석에서 당분간 기다리게 하는 쪽으로 결정을 유도한다.

이렇게 상충하는 옵션* 중 어느 것이 우세할 것인지 알 수 있

---

* 딕시트와 핀다이크의 『불확실성하의 투자(*Investment Under Uncertainty*)』(Princeton

는 좋은 방법은 수치를 계산하는 것이다. 이에 대해 저자는 대부분의 통합 평가 모형에서 온도 변화와 GDP 감소를 연결하기 위해 피해 함수(damage function)를 사용하는데, 이 피해 함수는 어떤 이론에도 근거하고 있지 않으며, 실증적 증거 또한 없다고 진단한다. 그는 노벨상 수상자인 윌리엄 노드하우스(William Nordhaus)의 DICE 모형*에서 사용되는 역이차 손실 함수와 마틴 와이츠만(Martin Weitzman)이 사용한 지수-이차 손실 함수를 소개한 뒤, "이들 함수는 기온이 상승할 때 GDP가 어떻게 감소하는지를 묘사하기 위해 만들어진 함수"(133쪽)라고 결론짓는다.

핵심 키워드, 지금 당장 적극적으로 적응하라

스타빈스와의 인터뷰에서 저자는 자신이 적응 문제를 제기했다는 이유로 감축을 방해하거나 기후변화 부정론자(climate denier)라는 비난을 받았다고 밝힌 바 있다. 그래서인지 이 책에서 그는 탄소 배

University press, 1994)에 따르면, '비가역성 효과(irreversibility effect)'는 투자 행동에서 중요한 역할을 한다. 백화점의 환불 보장 정책을 예로 들어보자. 만약 '구매가 되돌릴 수 없는(irreversible) 것'이었다면 사람들은 구매를 훨씬 덜 했을 것이다. 따라서 환불 보장 정책과 같은 추가적인 편의성은 소비자들에게 가치가 있는데, 소비자나 투자자가 단순히 상품만을 구매하는 것이 아니라 미래에 구매 결정을 되돌릴 수 있는 선택권(option)까지 함께 제공하기 때문이다. 이러한 가역성이 고려된 가치를 옵션 가치라고 부른다. 오늘의 결정이 비가역적이고 미래의 기후변화에 의한 피해가 불확실하지만 엄청날 가능성이 있다면 저감이나 적응 투자를 많이 하게 되는 것을 '적극적 저감 및 적응 투자가 옵션 가치를 가진다'라고 표현할 수 있다. 반대로 오늘 기후 관련 투자 비용이 회수 불가능하고(즉, 비가역적이고) 미래의 기후변화에 의한 피해가 불확실하지만 거의 없을 가능성이 있다면 '소극적 저감이나 적응 투자가 옵션 가치를 가진다'라고 표현할 수 있다.

* DICE 모형(Dynamic Integrated Climate-Economy Model)은 기온 상승으로 인한 경제적 피해(기후→경제), 경제 활동으로 인한 기온 상승(경제→기후), 또는 기후 정책으로 인한 경제 활동과 그 결과로서의 기온 변화(정책→경제→기후) 등 기후와 경제 간 상호작용 분석이 가능한 기후-경제 통합 분석틀이다.

출량 감축이 매우 중요하며, 가능한 한 빨리, 가능한 한 많이 감축하기 위해 우리가 할 수 있는 모든 것을 해야 한다는 점을 반복적으로 강조했다.

그러나 제5장과 제6장에서 다양한 감축 옵션을 설명한 후 저자는 제5장의 제목('우리가 기대할 수 있는 것들')과 달리 세계가 2도 이상의 기온 상승을 막을 만큼 배출량을 줄이는 것, 즉 탄소 제로 달성을 기대하기 어렵다는 비관적인 결론을 내린다. 이유는 간단하다. 대기 중 탄소 포집처럼 감축 비용이 상당하거나, 탄소세나 배출권 거래제처럼 정치적 저항이 심하거나, 나무 심기처럼 감축 효과가 낮기 때문이며, 보다 근본적으로는 감축을 위해 우리가 성장이나 편안함을 포기하려 하지 않기 때문이다.

더 큰 문제는 이 책의 핵심 쟁점 중 하나인 기후 민감도(climate sensitivity), 즉 대기 중 이산화탄소 농도가 두 배가 되었을 때 기온은 얼마나 상승할 것인가에 대한 불확실성과 관련이 있다. 즉, 현재의 '탄소 제로' 목표 달성 가능성도 낮지만 실현된다고 하더라도 기온 변화 수준이 2도 이내로 제한된다고 확신할 수 없다는 것이다. 현재 가장 가능성이 높은 기온 변화의 범위는 1.5-4.5도 사이이다.(76쪽) 운이 좋아 가능한 범위의 최솟값인 1.5도만 상승할 경우 그나마 괜찮지만, 최댓값인 4.5도까지 지구 평균 기온이 상승하면 통제가 불가능하다. 저자는 감축에 최선의 노력을 기울인다고 해도 2도 또는 그 이상의 기온 상승이 일어날 수 있는데, 이 가능성을 무시하고 아무런 조치를 취하지 않는 것은 무책임한 일이라고 강변한다.(77쪽)

그렇다면 책임 있는 행동은 무엇일까? 저자는 7장에서 미래 기후 정책을 바라보는 관점으로서 '적응(adaptation)'의 가능성과 정책적 역할을 본격적으로 제시했다. 저자는 기온 상승을 2도로 제한하고 싶지만, 여러 계산을 통해 제한 가능성이 낮다면 그냥 '어

맨해튼 남부를 폭풍 해일로 인한 홍수에서 보호하기 위한 방파제 제안도.(출처: 시크릿하우스 제공)

쩔 수 없지'라고 체념하는 대신 '적응에 착수해야 한다'고 주장한다. 왜냐하면 가장 현실적이고 효과적인 방법이 바로 적응에 투자하는 것이기 때문이다.

그렇다면 적응에는 어떤 활동이 포함되는가? 이 책에는 저자가 선택한 주요 정책 수단의 예시가 포함되어 있는데, 고온을 견딜 수 있는 새로운 작물 개발, 홍수나 산불 위험이 높은 지역에서의 건축 금지, 방파제나 제방 같은 기후재난 방제 인프라 건설, 온실효과를 줄이기 위한 지구공학 등 다양한 형태가 있다. 저자는 탄소 감축을 위한 기술 개발과 정책 추진도 여전히 중요하지만 기후 정책과 연구에서 적응이 차지하는 비중을 지금보다 훨씬 늘려야 한다고 주장한다.

세 번째 키워드, 기후 기술을 적극 개발하고 활용하자
저자가 가장 중요한 기후 정책으로 제시한 것은 적응과 연구 개발

투자로 보인다. 그간 화석 연료를 사용하지 않고 재생 에너지를 사용하도록 한 것은 연구 개발을 통해 태양광과 풍력 발전, 배터리 등의 에너지 비용을 큰 폭으로 낮췄다는 저자의 평가나(265쪽), 기술 발전으로 원자력 발전 편익은 커지고 잠재적 위험이 감소할 수 있으므로 원자력을 탄소 감축 수단으로 고려할 수 있다는 주장, 그리고 고고도 비행이 가능한 비행기를 개발해 성층권에서 황을 뿌리자는 주장 등이 그것이다. 저자의 MIT 학부 전공이 공학과 물리학이었다는 점이 과학이나 공학에 대한 저자의 이해나 신뢰를 이끌어 낸 배경이 되지 않았나 싶다.

핀다이크 교수의 기후변화와 관련된 불확실성에 대한 설명, 더 나아가 그 불확실성이 기후 정책에서 갖는 의미에 대한 설명은 책을 읽기 전의 기대를 뛰어넘는다. 쉽고 체계적이며 과학적이다. 그러나 몇 가지 논란의 여지가 있는 주장도 발견된다. 성층권까지 올라가 비행기로 황을 살포하는 방안이나 원자력 발전은 기후변화를 늦추는 데 기여할 수는 있어도 해양 오염 등 다른 종류의 환경 문제를 유발할 가능성이 있다. 이들 기후 정책의 비용-편익 분석은 불확실성 정도가 상당하고 비가역적 특성도 있어 저자도 언급했듯이 정책 수단으로 채택하기가 꺼려진다는 주장도 있다. 또, 저자가 최선의 정책 수단으로 거론한 탄소세는 이산화탄소의 사회적 비용이 밝혀지지 않은 경우 비용 효과적인 정책 수단으로 설계되기 어렵다는 우려가 있다. 정부가 정하는 세율은 배출권 거래제의 감축 목표나 할당 방식만큼 임의적일 수 있으며 배출권 거래제만큼 정치적 압박에 취약하다. 그 때문인지 세율도 대체로 낮다. 결정적으로 이 책은 확실히 적응을 강조하고 있으며 역자 역시 적응을 강조한 제목을 달아 자칫 감축보다 적응이 우선시 되어야 한다고 해석될 우려가 있다. 그간 글로벌 기후 대응 논의나 투자는 온실가스 배출량을 줄이는 감축에 치우쳐 있었으며, 변화된 기후에서 경제와 사회가 지속 가능하도록 준비하고 대응하는 적응을 외면해 온 것이 사실이다. 이러한 상황에서 저자는 많은 연구와 과학적 근거를 들어 왜 감축뿐만 아니라 적응을 주요 의제로 삼고 투자해야 하는지에 대해 설명했는데, 이 과정에서 적응이 상대적으로 강조된 것으로 보인다.

책 읽기를 위한 팁

책의 차례는 저자의 논리 전개 과정을 보여 준다. 따라서 차례를 따라 읽는다면 가이드가 있는 여행처럼 편하게 목적지에 도착할 수 있다. 그러나 시간이 없어 300쪽이 넘는 이 책을 다 읽을 수 없다면 서문이라도 먼저 읽어볼 것을 추천한다. 서문에는 주요 주장을 담은 여행 지도가 그려져 있다. 관심 있는 장을 먼저 읽어도 어려움이 없을 만큼 각 장은 논리적 완결성을 갖추고 있기 때문이다. 물론, 먼저 읽고 나면 또 다른 장이 궁금해져 결국 다 읽겠지만 말이다.

스타빈스와의 인터뷰에서 이 책의 독자를 '모두'로 설정했다고 할 만큼 이 책은 꽤 잘 읽힌다. 하지만 주장에 포함된 경제학 용어나 수식을 이해하려면 경제학이나 지구공학에 대한 학부 1학년 수준의 기본적인 이해가 필요하기 때문에 문턱이 다소 높을 수 있다. 저자는 탄소세나 비용-편익 분석과 같은 경제학 용어는 물론, 기후과학, 기후 민감도나 지구공학과 같은 내용도 일상의 언어로 풀어 설명하기는 한다. 물론 수식이 몇 개 나오지만 건너뛰어도 무방할 만큼 저자의 지식은 문·이과를 넘나들며, 설명은 친절하다. 물론 그의 농담처럼 휴일 선물로도 좋고, 결혼 선물로도 좋을 만큼 쉬운 책은 아니다. 서리북

📖 기후 전문가들이 지구 온난화의 위험을 경고할 때, 우리는 그들의 말을 곧이 곧대로 믿어야 할까? 이에 대해 하버드 대학교 교수 나오미 오레스케스는 '과학은 신뢰할 만하다'라고 말한다. 다만 그 이유에 대해 특정한 '과학적 방법'이 아니라, 연구 결과가 검증되고 합의에 이르는 과정이 열려 있으며 다양한 과학자 공동체의 비판과 반론을 충분히 수용하는 사회적 과정이기 때문이라고 설명한다. 과학은 단순한 방법론이 아니라 과학자들의 평판, 경쟁, 편견 같은 사회적 요소까지 얽힌 '사회적 활동'임을 설명한 과학철학 입문서이다.

Why Trust Science?
Naomi Oreskes
Princeton University
press, 2019

📖 이 책은 기후변화를 먼 나라의 이야기가 아닌 대한민국에서 지금 우리 삶에 영향을 미치고 있는 현실로 풀어낸다. 기후변화의 원인과 과정, 과학적 기작부터 사회와 경제, 일상에 드리운 충격까지 종합적으로 다루며, 나아가 우리가 생활 속에서 직접 실천할 수 있는 대응 방안까지 제시한다. 오랫동안 온실가스 배출량이 적은 차를 커피 대신 선택해 온 저자의 따뜻한 시각을 느낄 수 있을 것이다.

"기후변화에 따른 불편, 피해와 위험이 커지면서 사람들은 자신을 기후변화의 피해자라고 생각한다. 그러나 우리가 겪고 있는 기후변화의 출발은 에너지와 자원의 생산자이고 소비자인 개인으로부터 시작된다. 우리는 기후변화를 부추기는 원인 제공자이고 가해자다."
"기후변화의 피해와 부작용을 줄이려면 공기 중으로 방출하는 온실기체를 줄여야 하고, 이미 진행된 기후변화에 대응해서 함께 사는 방법을 배우는 적응이 필요하다."
―책 속에서

『기후변화 충격』
공우석 지음
청아출판사, 2024

오형나
경희대학교 국제학과 교수로 기후변화와 관련된 연구를 하고 있다. 기후재난과 지속 가능 발전, 개발 금융, 전환 금융 등을 주제로 세계은행이나 코넬대학교와 공동 연구를 진행 중이다.

이마고 문디

디자인 리뷰

북 & 메이커

서울
리뷰 오브
북스

극장의 라투르:
미클로시 얀초와 부활하는 민중의 이미지

김홍중

청년 라투르

1975년 6월, 브뤼노 라투르는 「성서주해와 존재론」이라는 제목의 박사학위 논문을 프랑스 투르 대학에 제출한다. 논문은 극히 낮은 평가를 받고 간신히 통과된다. 라투르 본인조차 이후 논문을 거의 언급하지 않았기에, 존재 자체가 오랜 시간 잊힌 채 남아 있었다. 이후 행위자-네트워크 이론(Actor Network Therory, 이하 ANT)에 관한 관심이 높아지면서 이 초기 텍스트를 추적하려는 시도들이 있었으나, 대부분 소재 파악에 실패한다. 그러던 중, 라투르 타계 2년 후인 지난 2024년, 문제의 논문은 프랑스에서 『생태학의 시험에 든 종교』라는 제목으로 출판된 책의 제2부로 묶여, 마침내 세상에 모습을 드러냈다.*

박사학위 논문에 등장하는 청년 라투르는 신학자이자 형이상학자의 야심을 품은 철학자의 얼굴을 하고 있다. 문체는 미숙하고, 거칠며, 때때로 오만하다. 그러나 천재적 직관이 번뜩인다는 사실

---

* Bruno Latour, *La religion à l'épreuve de l'écologie*, Paris: La Découverte, 2024.

을 부인하기는 어렵다. 그는 학위 논문이라는 규범적 형식을 과감히 벗어나, 자유로운 사유와 글쓰기 가능성을 실험하고 있다. 당시에는 레비-스트로스(Claude Lévi-Strauss)의 구조주의에 상당 부분 기대고 있었다는 점도 흥미롭다. 그런데, 논문에서 가장 문제적인 것은 무엇보다도 그가 선택한 연구 대상과 그들을 관통하는 주제다.

논문은 총 다섯 개의 장으로 구성되어 있다. 제1장은 생-존 페르스(Saint-John Perse)의 시를 독해하고, 제2장은 샤를 페기(Charles Péguy)의 『클리오』, 제3장은 미클로시 얀초(Miklós Jancsó)의 영화, 제4장은 루돌프 불트만(Rudolf Bultmann)의 해석을 통해 읽은 「마가복음」, 마지막 제5장은 사랑의 위기와 체험을 분석하고 있다. 이 다양한 대상들이 묶이는 근거가 바로 부활 혹은 반복이라는 테마다.

과학인류학자로 널리 알려진 라투르지만, 지적 여정의 출발점이었던 20대 시절, 그가 가장 열정적으로 파고들었던 대상은 사실 인류학도, 사회학도, 과학기술학(STS)도 아닌 신학이었다. 그는 부르고뉴 대학 철학과에 입학해 학부 내내 루돌프 불트만과 샤를 페기를 탐독하며 사유의 기반을 다졌다. '부활'과 '반복'이라는 주제는 바로 이와 같은 배경에서 형성된 것이다. 라투르의 사상에 지질학적 비유를 적용하면, 이렇게 이야기할 수 있다. 즉, 그 표층에서 우리는 '실험실', '과학과 기술', '파스퇴르', '세균', '비인간 행위자', '가이아', '생태 계급', '인류세'와 같은 익숙한 주제들을 발견하겠지만, 사유의 지층을 더 깊이 파고들면 뜻밖에도 '마가복음', '예수', '복음의 전파', '사랑의 체험' 같은 낯선 테마들이 모습을 드러낸다고.

실제로 박사학위 논문에는 라투르를 대표하는 '네트워크'라는 개념이 아직 뚜렷이 나타나지 않는다. 대신, 거기에는 존재자들을 존재하게 하는 시간의 박동과 리듬, 곧 '반복'이라는 원리에 대한 탐구들이 펼쳐진다. 또한, 우리는 그 논문에서 라투르가 후일 사회과학의 적법한 행위자로 등극시킬 비인간 존재들을 발견할 수 없다. 대신, 신과의 관계 속에서 낯설고도 흥미로운 방식으로 전개되는 인간들의 이야기를 읽게 된다. 마지막으로 지적할 수 있는 것은, '자연과학'에 대한 라투르 고유의 관심 역시 아직 출현하지 않고 있다는 점이다. 그 자리를 채우는 것은 시(詩), 종교, 영화, 그리고 친밀성의 체험이다.

이 글에서 나는 라투르의 학위 논문 제3장이 다룬 미클로시 얀초의 〈붉은 시편〉에 주목한다. 라투르는 이 영화를 분석할 때, 영화 이미지의 형식이나 미학, 감독의 철학적 사유, 영화적 기법, 또는 그 역사적 맥락에는 거의 주목하지 않고, 오로지 영화의 서사적 리듬에 구현된 '반복'의 시간성과 그것이 「마가복음」과 맺는 관계만을 논하고 있다. 하지만 내가 주목하는 것은 라투르가 의도적으로 외면했거나, 혹은 그의 이론적 감수성의 범주 밖에 있었던 얀초 영화의 또 다른 요소들(장면들, 이미지들, 배우들의 눈빛과 몸짓들)이다.

말하자면, 젊은 시절 라투르가 극장에서 겪었을 감각의 자취를 다시 더듬어 가려는 것이다. 실험실의 라투르가 아니라 극장의 라투르. 스크린을 응시하던 라투르의 망막으로부터 심장과 뇌로 흘렀을 정동의 흐름. 나는 시네-페이션트(cine-patient) 라투르의 의식과 신체에 새겨졌을 이미지들을 다시 불러내어 사고해 보고자 한다. 이것은 얀초 시네마에서 라투르로 이어지는 번역의 선(線), 전염의 선, 연결의 선, 반복의 선을 따라가면서, 라투르가 창안한 ANT의 기원 공간에 새겨져 있는 시네마의 흔적을 복원해 보려는 한 작은 시도다.

미클로시 얀초*

우리에게는 다소 낯설지만, 미클로시 얀초는 이슈트반 서보(István Szabó), 마르타 메자로스(Márta Mészáros)와 함께 헝가리 뉴웨이브 시네마를 이끈 저명한 감독이다. 그의 작품들은 "헝가리 영화 예술인들을 사로잡은 모든 테마, 강박, 그리고 불안"을 형상화하고 있다는 평가를 받는다.** 그의 생애와 이력을 간략히 소개하면 다음과 같다.

얀초는 1921년 헝가리 바츠에서 태어나, 1941년에 페치 대학에서 법학을 공부하고, 1944년에는 콜로즈바르 대학(현재 루마니아 클루지)에 진학, 민속학을 공부했다. 같은 해 군에 징집되어 서부 전선에 배치되었다가 전쟁 포로가 된다. 제2차 세계대전이 끝난 1945년, 그는 부다페스트에 정착해 공산당에 입당하고 이어 연극영화예술 아카데미에 입학해 1950년에 영화연출 학위를 받는다. 이후 1950년대에는 주로 다큐멘터리 뉴스 영화를 제작했다. 이 시기 그의 작업은 공산주의 이념에 충실했으며, 제작한 작품들 역시 대부분 국가의 주문에 따라 만들어진 것들이었다.

얀초 영화의 변화는 1950년대 헝가리의 정치적 격동과 무관하지 않다. 잘 알려져 있듯, 1953년 3월 이오시프 스탈린이 사망하고, 1956년 2월 니키타 흐루쇼프는 제20차 소련공산당 대회에서 스탈린의 폭압적 권력 남용을 공개적으로 비판함으로써 동서 진영을 막론하고 커다란 파장을 일으켰다. 흐루쇼프에 의해 촉

---

* 헝가리어에서는 중국이나 한국에서처럼 성(姓)을 이름보다 앞에 쓴다. 얀초가 성이고, 미클로시가 이름이기 때문에 사실 헝가리식으로 부른다면 얀초 미클로시가 되어야 한다. 반대로 미클로시 얀초는 서구식 표기이다. 이 글에서는 미클로시 얀초로 통일하고자 한다.

** Mira Liehm & Antonin Liehm, *The Most Important Art: Eastern European Film After 1945*, Berkeley: University of California Press, 1977, p. 393.

발된 이른바 스탈린 격하 운동은 헝가리 국내 정치에도 중대한 영
향을 미쳤다.

　　같은 해 10월 23일, 부다페스트 대학교 재학생들이 주도한 대
규모 시위가 조직되어 수만 명이 참여한다. 시위대에 대한 국가보
위부의 발포는 상황을 악화시켰다. 평화 시위는 무장 봉기로 확산
되었다. 다음 날인 24일에는 소련군 탱크가 도심에 진입하며 유혈
사태로 비화했다. 봉기는 전국적으로 퍼져나갔으나, 11월 4일 소
련이 3천 대의 탱크와 20만 명의 병력을 동원해 무력 침공을 감행
하면서 결국 잔혹하게 진압된다. 이 과정에서 최소 2,700명의 헝가
리인이 사망하고, 이후 105명이 소비에트 재판을 통해 사형을 당
했다.* 참혹한 현실을 목격하며, 얀초는 스탈린주의에 깊은 환멸을
느끼고 공산당을 탈당한다. 봉기가 진압된 지 2년이 지난 1958년,
그는 자신의 첫 장편 극영화 〈종(鐘)들은 로마로 갔다〉를 연출한다.

　　1963년에 발표한 두 번째 장편 〈칸타타〉는 일종의 "전환기 영
화"로 평가된다.** 부다페스트의 전도유망한 외과의사인 주인공
암브루슈는 자신의 화려한 삶에 환멸을 느끼고 시골 고향을 찾아
가, 병들어 늙어 가는 아버지와 옛 애인을 만난다. 애인은 대학 시
절에 함께 의학을 공부했던 엘리트였는데, 부농(koulak) 출신이라는
이유로 대학에서 축출되어 시골에 내려와 살고 있었다. 당시 암브
루슈는 자신의 출세를 위해 애인의 몰락에 침묵했었다. 정치가 삶
을 파괴했던 얼룩진 과거의 기억을 뒤로 한 채 주인공은 다시 부다
페스트로 돌아온다. 공산권 지식인의 죄의식과 불안 그리고 욕망
과 좌절을 세련된 연출로 형상화하고 있다.

---

* 김지영, 『헝가리 현대사의 변곡점들: 역사의 메타모포시스』, 보고사, 2023, 163-170쪽.

** Émile Breton, *Miklós Jancsó: Une histoire hongroise*, Crisnée, Yellow Now, 2015, p. 13.

〈칸타타〉(1963), 주인공 암브루슈의 절망.(출처: 필자 소장 DVD 캡쳐)

이후 얀초는 개인의 심리를 넘어 역사 속에서 펼쳐졌던 권력과 폭력의 이야기를 다루는 일련의 작품들을 내놓는다.〈나의 길〉(1964),〈검거〉(1965),〈적과 백〉(1967),〈침묵과 외침〉(1968),〈시로코〉(1970),〈붉은 시편〉(1972),〈엘렉트라〉(1974),〈독재자의 심장〉(1981) 등이 그것이다. 이들 영화에서 얀초는 헝가리 근대사를 배경으로 권력자와 피억압자 사이에 벌어질 수 있는 폭력의 양상을 집요하게 파고들어 간다. 이야기들의 배경은 헝가리 초원 푸스타(puszta)다. 그 거대한 풍경은 인간이 만드는 역사의 모든 잔혹한 이야기들이 상연되는 무대다. 거기서 전투가 벌어지고, 강자가 약자를 죽이거나 통치한다. 이것이 얀초 영화의 라이트모티프(Leitmotiv)다.

권력의 추상기계

예를 들어 〈검거〉는 권력이 자신에게 저항하는 자들과 그 우두머

〈검거〉(1966), 감옥 마당을 빙빙 도는 죄수들.(출처: 필자 소장 DVD 캡쳐)

리를 '색출(素出)'하는 기이하고 치밀한 과정을 추적한다. 영화의 시대적 배경은 1869년. 광활한 초원 어딘가에, 찌그러진 사각형 형태의 기묘한 건축물이 우뚝 서 있다. 건축물은 높이 45미터쯤 되어 보이는 벽으로 둘러싸여 있으며, 그 안쪽에는 널찍한 마당이 있고, 마당 끝에는 대여섯 개의 독방 감금 시설이 마련되어 있다. 일종의 감옥이다. 거기에는 여러 명의 남성들이 갇혀 있다. 이들은 1848년 헝가리 혁명 실패 이후, 오스트리아-헝가리 제국의 무자비한 통치에 저항했던 자들로, 당시 '희망 없는 자들'이라 불렸다.* 당국은 이들 중 누가 1848년에 합스부르크 왕조에 반역했는지, 누가 우두머리 의적 산도르 로자인지를 밝혀내려 한다. 이를 위해 한 남성에게

---

* 영화의 프랑스어 제목 'Les sans-espoir'는 이 의미를 따른다. 한편, 영어 제목은 'Round-up'이다.

"자신보다 더 많이 사람을 죽인 자를 밀고하면 살려주겠다"며 회유한다. 그가 생존을 위해 지목한 자들은 심문을 받고 교수형을 당하거나, 아니면 기괴한 세팅 속에서 고문을 받는다. 가령, 감옥 근처 마을에서 죄수들에게 음식을 공급하던 일을 수행하다가 밀고된 젊은 여자는, 나체로 발가벗겨진 채, 두 줄로 도열한 군인들 사이에 만들어진 통로를 뛰어 왕복하라는 황당한 명령을 받는다. 수치와 공포 속에서, 여자는 무작정 뜀박질을 하는데 군인들은 자신의 앞을 지나가는 여자의 몸에 채찍을 계속 내려친다. 그렇게 여자는 누적된 충격을 이기지 못하고 숨을 거둔다.

〈검거〉는 권력이라는 문제에 천착한다. 죄수들은 머리에서 가슴까지 내려오는 흰 후드를 쓰고, 손이 굴비처럼 줄에 묶인 채, 감옥 마당을 빙빙 돌도록 명령받는다. 마당 한가운데는 음식을 담은 그릇들이 원형으로 배열되어 있는데, 죄수들이 빙빙 돌다 멈추면 자기 앞의 밥그릇에 앉아 식사를 한다. 이들이 갇히는 독방은 천장이 낮고 협소해, 죄수가 엉거주춤 쭈그려 앉을 수밖에 없게 설계되어 있다. 일종의 '엉성한' 파놉티콘이라고 할 수 있는데, 사실 거기서 작동하는 권력은 서유럽 근대의 규율 권력과는 사뭇 다른 형태와 양상을 보여 준다.

『감시와 처벌』에서 미셸 푸코가 상세히 분석한 바와 같이, 제레미 벤담이 창안한 파놉티콘은 특유의 시각적 감시 구조를 통해 스스로의 신체와 정신을 통제할 수 있는 인간을 생산하는 주체화 장치로 기능했다. 감금은 단순한 처벌이 아니라 처벌받지 않는 방식으로 행동하게 될 인간을 만들어 내는 기술이 되었으며, 거기서 작동하는 권력은 그래서 징벌적이라기보다는 오히려 생산적인 요소를 갖기 시작한다. 근대 감옥은 과거와 다른 형태의 권력과 결합해 인간의 신체와 정신에 깊이 작용하는 합리적 통제를 가능하게 하는 중요한 장치가 된다. 이런 점에서 파놉티콘은 감옥뿐 아니라 학교, 병영, 공장에도 적용된 (들뢰즈와 가타리의 용어를 빌려 말하자면) 일 종의 '추상기계(machine abstrait)'로 이해될 수 있다.* 그것은 자유주 의적 인간이 생성되는 건축적 매트릭스였다.

그런데, 얀초가 그리는 저 헝가리적 파놉티콘에는 그와 같이 정교한 시선의 정치학도 권력의 생산적 역량도 거의 존재하지 않 는다. 얀초의 감옥에서 움직이는 권력은 대상을 특정 방식으로 변 화시켜 주체화시키는 것에 별다른 관심이 없어 보인다. 대신 그것 은 자신의 힘과 능력을 확인하고 전시하고 구현하는 일종의 처형 극장의 상연에 더 많은 관심을 보인다. 가령 얀초 영화에서 우리가 흔히 볼 수 있듯이, "고문이나 처형을 겪기 이전에, 희생자들은 일 렬로 혹은 원을 그리며 행진하거나, 옷을 벗거나, 엎드리거나, 혹 은 그들이 권위의 의지에 종속되어 있다는 것을 보여줄 뿐인 부조 리한 의례들을 겪어야 한다."** 얀초는 이 무대를 고집스럽게, 반 복적으로, 다양한 상황으로 변주해 가면서 형상화한다. 얀초의 권 력은 아무것도 생산하지 않는다. 통치하지도 않는다. 대신 존재를 서서히 지워 간다. 말살한다. 대상을 고문하고, 괴롭히고, 무너뜨린 다. 존재의 종점으로 이끈다.

이런 양상은 〈침묵과 외침〉에서도 여실히 발견된다. 이 영화 는 한 헝가리 농가의 마당을 무대로 권력이 작동하는 미시적인 양 상들을 시연한다. 권력의 언어는 순수한 명령어들이다. 가령, 권력 은 약자에게 손을 높이 들고 개구리뜀을 시키고, 얼어붙은 강물의 깊이를 재라고 명령해 얼음을 깨고 강물에 몸을 담그게 하고, 시체

---

* 질 들뢰즈, 허경 옮김, 『들뢰즈의 푸코』, 그린비, 2019, 60-81쪽.
** Jarmo Valkola, "Miklós Jancsó's Historical cinematic Spectacles and Moving Pictorial Figurations in a Hungarian Landscape", *Hungarian Studies* 32(1), 2018, p. 157.

〈침묵의 외침〉(1968), 경찰(권력자)이 약자에게 부조리한 명령을 내리는 장면.(출처: 필자 소장
DVD 캡쳐)

의 얼굴을 더듬으라고 지시한다. 권력자들(경찰 혹은 군인)은 명령을
통해 자신에게 복종하는 약자들의 무력함을 드러낸다.

　　여기서 흥미로운 점은 권력자들이 보여 주는 특유의 '어슬렁
거림'이다. 명령을 내리고 그 실행을 감독하는 저들은, 긴장해 움
츠러든 채 두려움에 사로잡힌 약자들과 달리 나태함과 여유를 보
이며 느릿느릿 움직여 다닌다. 모호하지만 예리한 눈빛으로 권력
의 대상을 관리·감독하면서, 끊임없이 배회하고 서성댄다. 우리가
잘 알고 있듯이, 이러한 신체의 운용술은 사실 이탈리아 네오-리
얼리즘 영화가 발명한 것이다. 거기서, 인간의 몸은 단절 없이 흐르
며 지속하는 시간의 이미지를 드러내는 일종의 매체다. 몸은 행위
하는 대신, 시간을 흠뻑 머금은 채 하릴 없이 배회한다. 그런데,〈침
묵과 외침〉에서의 배회는 숨어 있는 행위의 목적(타자의 파괴)을 은
폐하고 상황을 예민하게 주시·관찰하면서 혹시 닥칠지 모르는 위

협을 대비하는, 전략적인 움직임이다.

1917년 러시아 혁명 이후 적군(赤軍)과 백군(白軍) 사이에 벌어진 내전을 다루는 〈적과 백〉에서도 어김없이 권력의 추상기계는 작동한다. 광대한 초원에서 적군과 백군은 상대방의 잔당을 발견하면 체포해 즉결처분한다. 살해하는 입장과 살해당하는 입장은 수시로 교환되고, 목숨은 아무런 가치 없이 파괴되고, 인간은 사물로 전락한다. 권력을 갖고 있다는 것은 타자의 생명과 존재에 대한 절대적 생사 여탈권을 쥐고 있음을 의미한다. 그런데, 이러한 권력의 변태성이 극단화된 장면이 〈적과 백〉에 등장한다.

이야기인즉, 백군 장교들이 종군 간호사들이 일하는 병원에 찾아와 그들을 모두 숲으로 끌고 간다. 자작나무가 울창한 아름다운 숲에 군악단이 대기하고 있다. 어리둥절해 있는 간호사들을 파티복으로 갈아입히고 악단의 음악에 맞춰 왈츠를 추라고 명령한다. 장교는 의미를 파악하기 쉽지 않은 표정으로 저들의 춤을 응시한다. 그리고는 갑자기 간호사들을 풀어 준다. 권력은 죽어가는 병사들을 치료하던 간호사들에게서 여성성과 우아함, 제복이 아닌 드레스 사이로 비치는 젊은 육체의 관능성을 강제로 끌어내고자 한다. 권력은 여기서 오직 차갑게 향유하는 순수한 시선이 된다. 시선으로 저들을 발가벗긴다. 아무런 폭력도 접촉도 시도하지 않은 채, 자유와 존엄을 빼앗아 버린다. 장교는 저들을 숲에서 풀어 준다. 풀려난 간호사들은 다시 한번 어리둥절하며 걸음을 옮긴다. 카메라는 걸어가는 그 여자들을 비춘다. 이후의 이야기는 전해지지 않는다.

부활 가능성

앞서 잠시 언급한 것처럼, 우리가 프랑스 후기 구조주의자들에게 배운 것은 권력이 폭력이 아니라는 것(미셸 푸코), 그리고 권력은 기

〈적과 백〉(1967), 종군 간호사를 숲으로 끌고 와 왈츠를 추라고 명령하는 백군 장교들.(출처: 필자 소장 DVD 캡쳐)

본적으로 상징과 구별 짓기의 힘이라는 것(피에르 부르디외)이었다. 이들에게 권력은 사회적 삶을 구성하는 근본 에너지 같은 것이다. 사회를 (파괴하는 것이 아니라) 구성하는 힘이기 때문에, 권력은 근본적으로 합리성과 결합될 수밖에 없다. 작용하기 위해서 권력은 그 대상에게 납득되고, 이해되고, 동의되어야 한다. 이와 같은 담론적이고 합리적인 방식으로 권력은 인간을 인간으로 만들어 주며, 생명을 부여한다. 즉, 살게 하고 죽도록 방치하지 않는다.

　　그러나 얀초 영화가 그리는 권력은 담론도 상징도 합리성도 아닌 날것의 힘이다. 관객은 묻게 된다. 저 권력은 도대체 무엇을 욕망하는가? 죽임을 통해서 저 권력은 무엇을 얻는 것인가? 아니면 그저 자신의 힘이 타자의 목숨을 뺏을 수 있다는 사실이 주는 짜릿함이 그 본질인가? 얀초 시네마는 권력의 실상에 대한 우리 시각을 교정한다. 서유럽이 아닌 아프리카에서, 남미에서, 아시아에

서, 동유럽에서 인간이 겪어온 권력 현상의 본질은 (카프카나 쿤데라
가 보여 주듯이 혹은 한강이 그린 광주의 짓이겨진 살덩어리들이 역설하듯이) 근원적
으로 부조리하고, 야비하고, 잔혹한 것이 아니던가? 권력과 폭력
은 사실 서로 깊숙하고 난잡하게 뒤섞여 있는 것이 아닌가?

　　야초의 권력이 욕망하는 것은 자신의 대상이 더 이상 존재할
수 없게 하는 것이다. 권력은 존재의 반복, 존재가 스스로를 이어
나가는 박동과 리듬 속에서 재생산되는 것을 불가능하게 하는 연
출된 폭력이다. 자신을 즐기고 자기-탐닉하는 폭력, 그래서 즉결
적으로 행사되어서는 안 되고 반드시 시간 속에서 나름의 절차에
따라 전개되고, 음미되어야 하는 폭력이다. 자기-탐닉적이고 존
재-소멸적인 폭력 의례. 이것은 푸코적 권력의 세련됨보다는 오히
려 음베베(Achille Mbembe)가 말하는 '죽음권력(necropower)'에 더 가깝
다.* 야초 영화에서 이러한 권력의 가장 야비한 작동이 드러나는
것은 포로로 잡힌 무력한 적을 살해하는 방식에서다.

　　〈적과 백〉에서 우리는, 체포된 채 생사의 기로 앞에 선 적군에
게 상대편 군인이 탈의를 명령하는 장면을 본다. 발가벗겨진 적을
그 자리에서 죽이지 않고 뜬금없이 노래를 부르게 한다. 질문을 던
져 대화를 유도한다. 당신은 러시아인인가, 아르메니아인인가, 아
니면 헝가리인인가? 국적을 묻는다. 한 포로가 헝가리인이라고 대
답하자 마치 놓아 주겠다는 듯이, 자유를 주려는 듯이 달리라고 명
령한다. 겁에 질린 채 살기 위해 무작정 뛰는 자를 뒤에서 사격해
죽인다.〈침묵과 외침〉의 첫 장면에서도 우리는 동일한 상황을 본
다. 거대한 모래산을 뒤로 하고 권력은 약자를 풀어 준다. 도망치
라 말한다. 거짓 출구를 발견한 약자는 주춤거리다가 뒤돌아서 맹

---

* Achille Mbembe, *Necro-politics*, Durham and London: Duke University Press, 2019.

〈적과 백〉(1967), 포로를 놓아주는 척하면서 도망치는 포로를 죽이는 장면.(출처: 필자 소장 DVD 캡쳐)

렬히 달려간다. 조금 후에 권력은 도망치는 자를 쏜다. 짧게 지속했던 거짓 자유는 허망하게 박탈된다.

놓아 주고, 달리게 하고, 도망치는 자를 뒤에서 쏘아 죽인다. 얀초 영화에 자주 등장하는 이런 비열한 살해 의례의 의미는 무엇일까? 나는 이렇게 본다. 저 권력은 지금 하나의 유기체, 한 사람의 죄수나 적을 살해하는 것이 아니다. 하나의 신체로 형상화되어 지금 자신의 손아귀에 놓아진 그 몸을 죽이고 있는 것이 아니다. 권력은 그 몸이 자신에게 저항하면서 죽어갈 수 있는 가능성 그 자체를 삭제하려는 듯하다. 죽음은 도주 중에 일어난다. 권력과 마주서서 권력을 저주하고 울부짖는 자를 죽이는 것이 아니라, 도생(圖生)하는 자, 생존을 위해 필사적으로 뛰는 자의 등을 향해 쏘는 것이다.

저렇게 죽은 자의 죽음에는 권력과 맞설 수 있는 어떤 가능성도 남지 않는다. 생명에 내재되어 있는 반역성과 반항의 잠재성, 지금은 져도 다시 일어나 싸우겠다는 의지도, 그런 자들의 기억도, 상상도 사라진다. 권력의 장난 속에서 억압되는 것은 피억압자의 잠재적 능력(potentia), 다시 살아나서, 다시 싸우고, 다시 맞서고, 다시 지고, 다시 죽을 가능성, 그런 죽음이 있다는 이야기가 지속될 가능성이다. 저 권력은 생명을 오직 일회적인 것으로 만든다. 생명의 꺾임 속에 최대치의 피동성과 우발성을 불어 넣는다. 저렇게 죽은 생명은 부활 불가능성과 반복 불가능성에 종속된다. 죽더라도 다시 일어날 수 있다는 희망, 부활이라는 관념, 부활에 대한 믿음, 그것이 파괴된다.

〈붉은 시편〉

〈붉은 시편〉은 1890년에서 1910년 사이에 헝가리에서 벌어진 혁명적 농민 봉기와 그 비극을 다루는 영화다. 영화의 헝가리어 제목 'Még kér a nép'는 시인 산도르 페퇴피(Sándor Petöfi)의 시에서 따온 것으로 '민중은 여전히 요구한다'는 의미를 갖고 있다.* 영화가 시작되면 관객들은 특별한 설명도 없이 스크린에 등장하는 기이한 대치 상황을 보게 된다. 두 집단이 평원에서 부딪치고 있다. 백작의 영지에서 봉기를 일으킨 농민들과 그들을 진압하기 위해 동원된 군대다. 농민들은 시위를 벌인다. 누군가는 '인민에게 권력을'이라 외치고, 누군가는 프리드리히 엥겔스를 낭독한다. 이들의 무기는 노래와 춤이다. 〈라 마르세예즈〉와 〈인터내셔널가〉를 합창하며 어깨를 걸고 행진한다. 여자들은 원래 얀초 영화에서 주로 수동적인 '희생자'로 표상되는 경향이 있었는데, 〈붉은 시편〉에서는

---

* Jarmo Valkola, "Miklós Jancsó's Historical Cinematic Spectacles and Moving Pictorial Figurations in a Hungarian Landscape", *Hungarian Studies* 32(1), 2018, p. 157-158.

〈붉은 시편〉(1972), 손바닥의 상처에 붉은 꽃이 피어난 사람들.(출처: 필자 소장 DVD 캡처)

그 위상과 행위능력이 달라져 있다. 총칼로 무장한 군인들과 맞서면서 여성들은 옷을 벗고 가슴을 드러낸다. 군인들은 나체로 맞서는 여성들 주변으로 바보들처럼 달려와 천진난만하게 환호한다.

한편, 무장한 경찰과 군인들은 농민들을 위협하기 위해 곡식더미에 불을 지르기도 한다. 그러나 농민들이 경찰 우두머리를 체포하고 제압한다. 불타는 곡식더미를 둘러싸고 농민들은 다시 원무를 춘다. 감정이 서서히 고조된다. 군인들은 도열해, 하늘로 총구를 올리고 위협 사격을 한다. 농민들이 군인들 사이에 들어가서 총을 버리라고 설득하고, 인권과 평화를 이야기한다.

급기야 이 일촉즉발의 대치를 뚫고 농민들은 축제를 벌인다. 평원 가운데 거대한 장대가 꽂히고 그 주위로 깃발들이 휘날린다. 봉기한 농민들이 모여 춤을 춘다. 이들을 포위한 군인들도 그 흥겨움에 녹아들어 함께 춤을 춘다. 군인과 민중 사이에 역동적인 섞임과 갈림이 되풀이된다. 그런데 갑자기 날카로운 나팔 소리가 들려온다. 춤추던 군인들이 황급히 제자리로 복귀하고 사나운 군마

〈붉은 시편〉(1972), 군인들이 농민을 에워싸고 학살하는 장면.(출처: 필자 소장 DVD 캡쳐)

들이 질주해 온다. 군인들은 전열을 갖추고 농민의 무리를 에워싼다. 무자비한 발포. 학살. 소수의 농민이 살아남아 권력의 편에 선다. 그런데, 죽은 자들은 손바닥의 상처에 붉은 꽃이 피어난 채 다시 살아나 행진을 한다. 이들이 또 한번 학살을 당하고 시체가 되어 바닥에 쓰러지자, 붉은 옷을 입은 여성이 군인들에게 총격을 가해 억압자들을 소멸시킨다. 그러고는 붉은 리본이 달린 권총을 하늘 높이 쳐들며 분노에 가득 찬 노래를 부른다.

우리는 자유를 뺏긴 노동자에 불과하네.
행운이 따르지 않아
애도의 그림자가 우리에게 드리워져 있네.
어쩔 수 없지, 어쩔 수 없지.
노동자 만세!
노동자의 권리 만세!
노동자 세상이여 만세!

〈붉은 시편〉(1972), 하늘 높이 쳐든 붉은 리본이 달린 권총.(출처: 필자 소장 DVD 캡쳐)

영화는 이렇게 끝난다. 우리는 이 지점에서 왜 청년 라투르가 〈붉은 시편〉에 특별한 의미를 부여했는지를 미루어 짐작할 수 있다.〈붉은 시편〉은 앞에서 이야기한 얀초의 다른 영화들과 근본적인 차이를 갖는다. 즉, 이 영화에서 우리는 결코 일회적으로 끝나거나 소멸하지 않고 계속 반복되며, 부활하며, 되살아나는 민중과 마주한다.〈붉은 시편〉이 그리는 민중의 모습은 압도적이다. 물론 이 영화에서도 민중은 권력에 의해 억압받는 존재로 나타난다. 민중의 무력(無力)은 패배와 굴욕과 심지어 집단 학살이라는 참혹한 결과로 이어진다. 민중은 진다. 그러나,〈붉은 시편〉이 그리는 권력은 저 약한 민중을 완전히 제압하지 못한다. 민중은 기원을 알 수 없는 활기, 명랑성, 욕망과 아름다움으로, 춤과 노래로 권력과 맞선다. 맞섬 그 자체는 계속 이어진다. 민중은 부활의 존재다. 죽어도 다시 살아난다.

라투르가 〈붉은 시편〉에서 「마가복음」의 부활 이야기를 읽어 내는 것은 바로 이 때문이다. 즉, 예수의 죽음으로 그의 사업이 실패로 돌아간 것이 아니라는 것. 예수의 영성이 패배한 것이 아니라는 것. 예수의 죽음이 예수의 언어와 생각과 뜻의 소멸이 아니라는 것. 부활은 반복의 사상이다. 승리나 영생의 사상이 아니라, 반복을 불가피한 것으로 만드는 영원회귀하는 패배에 대한 인식을 품고 있는 사상이다. 부활한 예수는 하늘로 승천하기 전에 먼저 갈릴리로 가겠다고 말한다.

갈릴리란 어디인가? 그것은 예수가 자신의 사업을 처음 시작한 곳, 예수의 모든 이야기가 처음 시작된 곳, 바로 거기다. 거기서 모든 것을 새로 시작하겠다는 것이다. 제국과 권력에 대한 모든 도전과 싸움은 이제 처음부터 새롭게 다시 열린다. 예수의 부활은 예수라는 유기체의 부활이 아니다(유기적 신체 형태로 부활하는 것은 예수가 아니라 좀비다). 예수의 부활은 예수라는 '기관 없는 신체', 그러니까 인간 상상력이 생명으로 형상화하는 그런 유기체의 형태를 넘어서 되살아나는 비-유기체적 생명성의 소생이다. 달리 말하자면, 예수의 부활은 한 차례의 부활 사건이 아니라, 부활들의 지속적인 이어짐, 그 이어짐의 반복과 네트워크, 즉 부활 가능성의 부활인 것이다. 〈붉은 시편〉의 민중은 이 부활의 리듬 그 자체, 이 리듬의 종식 불가능성을 증언하는 탁월한 존재자, 탁월한 행위자다.

1970년대 프랑스의 어느 극장 어두운 곳에서 라투르가 바라보았을 저 민중의 부활 이미지는 라투르 철학에 흥미로운 다각성을 부여한다. 상상해 본다. 저 민중의 이미지는 후일 라투르가 본격적으로 제시하게 될 비인간 행위자의 원형을 이루는 것이 아닐까? 인간중심주의적 시각, 인간의 표상과 언어로 환원되지 않으며 고유의 행위능력을 발휘하며 존재를 반복하고 지속해 가는 비인간 존재자들에 대한 이론적 인정의 원점에 저 민중의 형상이 놓여 있던 것은 아닐까?

그런데, 청년 라투르가 응시한 저 '혁명적 민중', 즉 수난을 겪고 다시 집합적 봉기 속에서 분출해 나오는 역사적 주체는 ANT를 창안한 이후 라투르의 사상에서 과연 사라져 버린 것인가? 나는 그렇지 않다고 생각한다. 1975년 이후 본격화되는 라투르의 과학인류학 작업에서 사실상 발견할 수 없는 혁명적 주체에 대한 관심을 우리는 그의 말년의 사상에서 선명하게 목격할 수 있기 때문이다.

정치적 생태주의를 급진화하는 2010년대 후반의 라투르는 인류세를 끝장내고 새로운 세계를 열어갈 '민중'을 찾고 있었다. 근대적 발전주의자들, 경제주의자들, 생산주의자들, 혹은 더 노골적으로 라투르가 그냥 '인간들'이라 부르는 주체들과의 전쟁을 수행할 주체. 이른바 지구적 존재(terrestres) 혹은 생태 계급. 그가 남긴 마지막 저서는 이러한 생태 혁명의 주체를 노골적으로 호명하는 책이다. 생태 계급은 전투적 행위자들이며, 그들의 무기는 생태 파국의 상황에서 그들이 갖게 된 상처와 불안과 걱정이다. 생태 계급은 저 헝가리의 농민들처럼 다른 사상과 이야기와 목소리와 감수성으로 싸운다. 생태 계급은 파괴된 자들이며, 환자들이며, 난민들이며, 동물이자 식물이다. 인간이 아니다. 죽음을 앞둔 라투르가 펼친 생태 사상의 급진성은 죽음 쪽에서 온 것이 아니라, 부활하는 존재들에 대한 청년 라투르의 예리하고 절실한 감수성에 뿌리를 내리고 있다. `서리북`

김홍중

서울대 사회학과 교수. 전공은 사회 이론, 문학/예술 사회학, 미래 사회학이다. 저서로는 『마음의 사회학』, 『사회학적 파상력』, 『은둔기계』, 『서바이벌리스트 모더니티』, 『세계에 대한 믿음』이 있다.

📖 라투르가 박사학위 논문에서 천명한 자신 학문의 본령인 '존재론'이 비로소 체계적인 방식으로 정립된 2012년의 저서다. 라투르를 서유럽이 배출한 가장 중요한 철학자이자 형이상학자로 만들어 준 저서로서 라투르를 깊이 이해하기 위해서는 필수적으로 읽어야 하는 책이다.

"신이라는 단어는 어떤 실체를 지칭할 수 없다. 그것은 오히려 끊임없이 위험에 처하는 생존의 갱신을 지칭하며, 나아가 말하자면 이러한 반복, 말과 존재자, 로고스의 경로를 지칭한다."—책 속에서

『존재양식의 탐구』
브뤼노 라투르 지음
황장진 옮김
사월의책, 2023

📖 라투르가 타계 직전에 남긴 마지막 책이다. 책은 짧은 단상으로 이뤄져 있고, 완성되지 못한 여러 생각들과 제안들이 자유롭게 제시되어 있다. 정치생태학을 21세기의 가장 중요한 학문 영역으로 끌어올린 라투르는 이 저서에서 마르크스와 부르디외의 계급 개념을 원용하며, 그들을 넘어서는 새로운 계급을 호명한다.

"생태주의가 그저 운동에 그치지 않고 정치를 조직하는 구심점이 될 수 있는 조건은 무엇일까? 자유주의, 다음으로 사회주의, 신자유주의, 끝으로 최근에 영향력이 계속해서 커지고 있는 반자유주의 또는 네오파시즘 정당들이 그랬듯이 생태주의 또한 정치의 지평을 결정하는 방향으로 과연 나아갈 수 있을까?"—책 속에서

『녹색 계급의 출현』
브뤼노 라투르·니콜라이 슐츠 지음
이규현 옮김
이음, 2022

나만의 모험을 선택하세요

최진규

《사건으로서의 출판: 열린 과정으로서의 출판물》 전시 포스터 부분.(출처: 김리원 제공)

하루는 오래 작업한 책의 편집 마무리 작업을 하고 있었다. 마감 업무에 한껏 지쳤을 때는 마감이 없는 세상을 꿈꾸게 된다. 꼭 최종적이고 확정적인 절차가 있어야 할까. 세상 모든 일이 마감 같은 개입 없이 그냥 드러나고 그냥 받아들여질 수는 없을까. 그날 내 기분이 꼭 그랬다. 세상에 마감 같은 건 없으면 좋겠다고 생각하면서 마감을 향한 작업을 했다.

흔히 마감은 최종 결과물을 만들기 위한 필수적인 절차로 여겨진다. 마감의 순간이 있어야 결과물이 나오고, 결과물이 만들어져야 비로소 유통을 거쳐 그것을 필요로 하는 상대에게 전달된다. 출판도 마찬가지다. 책은 확정적인 표상을 필요로 한다. 나아가 세계의 한 부분을 점유할 실물로 거듭나야 비로소 기능을 시작하는 것으로 여겨진다. 그러니 나도 마감을 하자, 라고 혼잣말을 하며 다시 원고를 들여다봤지만 왠지 기운이 나지 않았다. 그래서 잠시 쉬어갈 생각에 휴대폰을 봤는데 SNS에서 우연히 한 전시 게시물을 보았다. 전시 제목을 보자마자 내 상황과 맞물리면서 빠져들 듯 관심이 생겼다.《사건으로서의 출판: 열린 과정으로서의 출판물》이 전시 제목이었다. 나는 다음 날 오전에 전시장으로 향했다.

전시장으로 향하는 동안에도 궁금증이 이어졌다. '사건'은 무엇을 말할까. 우연하고 즉흥적인 차원을 말할까. 그렇다면 그 반대는 예외나 다양성을 허용하지 않는 '구조'일까. '과정'이란 무엇을 뜻할까. 가치를 '결과'로 환원하지 않는다는 것일까. '열린' 과정이란 무엇을 의미할까. 열림은 안과 밖을 가르는 문이 없다는 뜻일까. 혹은 중단 없이 계속 이어진다는 뜻일까.

내가 찾아간 전시는 서울시립대학교 디자인전문대학원에 재학 중인 그래픽 디자이너 권수진의 석사학위 청구전이었다.

미리 한 가지 밝히자면, 원고 분량상 이 지면에서는 전시의 여러 작품 중 하나에 대해서만 자세히 말할 수 있을 듯하다. 전시에는 『책상』, 『커튼』, 『액자』, 『시계』, 『티셔츠』, 『문서 더미』* 등 다양한 작품이 있었다. 이들은 평범한 방에 있을 법한 평범한 사물들이라 할 수 있는데, 권수진은 이 사물들 역시 우리에게 말을 건다는 사실을 주의 깊게 관찰한다. 사물들이 발화하는 장소를 어떻게 경험하느냐에 따라 '출판'은 기존의 상식으로 이해하던 것과 다른 것이 될 수 있음을 작가는 경험의 방식으로 드러낸다. 각각의 작품 모두에 대해 이야기하고 싶지만 지금은 『북체인(Bookchain)』에 대해서만 쓰고자 한다.

　　『북체인』은 세 권의 책으로 구성돼 있다. 『북체인』은 작가가 참여자들과 함께 진행해 온 책 교환 프로젝트의 이름이기도 하다. 이 교환 프로젝트에는 간단한 룰이 있다. 첫 번째 사람은 지정된 액자에 자신이 교환하려는 책을 넣고, 다음 사람에게 짤막한 지시 하나를 전달한다. 지시 내용은 이러한 식이다. "액자 안에 들어오는 부피의 책", "초록색을 포함한 책", "훼손되거나 메모가 있는 책" 등등. 다음 사람은 자신이 가진 책 중 그 지시에 맞는 책을 찾아 액자에 넣고 다음 사람을 위한 새로운 지시를 남긴다. 이렇게 해서 교환은 다음으로 연결된다. 이 교환의 특징은 특정 상대와 주고받는 교환이 아니라 이어달리기처럼 새로운 사람에게 바통을 넘기듯 이어지는 비특정 상대와의 교환이라는 점이다. 내게 또 한 가지 인상적이었던 것은 참여자들이 남긴 지시어와 덧붙이는 말에 담긴 다정함과 친밀감이었다. 분명 '지시'임에도

---

* 여기서 전시 작품의 기호를 『 』로 한 것은, 《사건으로서의 출판: 열린 과정으로서의 출판물》의 전시물이 미술 작품인 동시에 하나의 출판물이라는 작가의 의도를 드러내기 위함이다.

그것은 강압적이거나 부담스럽지 않았고, 상대를 즐겁게 하거나
편안하게 해 주려는 의도가 느껴졌다. 다음 교환자가 누군지
모르는 상황에서 남긴 말인데도 말이다. 아마도 이 다정함은
교환이라는 연결을 이어 나가려는 의지가 반영된 참여자들의
공통 정서에서 나온 게 아닐까 싶었다. 결국 참여자들은 책만
교환하는 것이 아니라 정서 역시 교환하고 있는 셈이다. 책이라는
사물을 매개로 좋은 감정과 경험을 교환하려는 목적이 존재하는

(위) 권수진, 『Bookchain 북체인 (ほんほんこうか, 书书连环』 1-3, 2025. (출처: 신유진 제공)
(아래) 권수진, 『사건으로서의 출판』, 2025.(출처: 신유진 제공)

듯했고, 이는 어떤 면에서는 '사회를 이루는 근원'에 대한 질문을 상기시켰다. 사회는 어떻게 이루어질까. 물건의 교환으로 형성될까. 정서의 교환으로 형성될까. 혹은 물건의 교환과 더불어 감정 표현의 의무라는 일종의 심리적 접착제가 사회를 형성하는 데 필요하다고 말할 수 있을까.

이때 '책'이 주요 매개가 된다는 점이 이 교환 프로젝트의 흥미로운 부분이었다. 이 프로젝트가 남긴 그간의 기록을 가지고 권수진은 세 권의 책을 제작해 전시에서 선보였다. 나는 이 세 권의 책을 읽은 경험이 무척이나 인상적이었다.

첫 번째 책은 아무 내용도 적히지 않은, 다르게 말하면 여백으로만 채워진 책이었다. 이 책은 텅 비어 있으므로 교환 프로젝트에 대한 어떤 해석도 언어로 전달하지 않았다. 혹은 텅 빈 장소만을 마련해 놓고 무언가 채워지기를 기다리는 모습 같기도 했다. 무엇을 기다리는 것일까.

두 번째 책에는 Scott이라는 필명의 작가가 쓴 짤막한 허구의 이야기들이 여러 편 담겨 있었다. 그런데 이 이야기들의 특징은 기승전결을 가진 서사의 형식이라거나 일종의 구성이라기보다는, 어디가 시작이고 어디가 끝인지 모를 마치 바람 같은 성격을 가진 이야기로 보였다. Scott의 짤막한 이야기들은 북체인 프로젝트에서 교환된 책의 제목들에서 착안해 지은 것들이었다. 하지만 책 제목에서 영감을 받았을 뿐 책 제목의 의미를 재현하는 이야기는 아니었다. 언뜻 관련 있어 보이지만 사실상 무관한, 혹은 언뜻 무관해 보이지만 사실 관련이 있는, 독특한 이야기들이었다. Scott의 비재현적인 이야기들에는 침투하고 싶어지는 매력적인 빈틈이 있었다.

세 번째 책은 "나만의 모험을 선택하세요"라는 제안에 따라

권수진, 『커튼』, 2025. (출처: 권수진 제공)

독자가 스스로 이동할 페이지를 정하면서 모험하듯 독서하게끔 만들어진 책이었다. 이 책의 내용은 짤막한 지시어들로 이뤄져 있다. 이를테면 56쪽에 적힌 내용은 이렇다.

당신은 책을 펼쳐보지 않고도 안다.
『내가 사랑한 공간들』이라는 제목만으로도 충분하다.

사실 충분하지 않다 → 119쪽

첫 페이지를 펼친다 → 14쪽

독자는 작성된 지시어를 읽고 그에 반응해 다른 페이지로 이동하게 되어 있다. 이 문답은 일종의 Yes or No 게임처럼 진행된다. 그런데 이 스토리 게임의 특징은 '이것 아니면 저것'이라는 이진법 결정에 수렴한다기보다는 일종의 모험을 발생시킨다. 나는 이 책을 상당히 오래 읽었다. 퀴즈에 반응하는 일이 무척 즐거웠기 때문이다.

세 권의 책을 한참 시간을 들여 모두 읽은 후 내가 경험한 몰입에 대해 생각했다. 어떤 이유로 나는 시간이 흐르는 것을 잊을 만큼 이 책들에 몰입했을까. 심지어 나는 텅 빈 페이지의 여백마저 한참 읽었으니 말이다. 이유를 생각해 보건대 아마도 책을 보는 동안 대화를 나누는 느낌이 생겨난 덕분인 것만 같다. 그리고 이런 감상 속에서 한 가지 새삼스러운 질문이 생겨났다. 지금 내가 책을 읽는 동안 경험한 것이 과연 책이라는 물건에 적힌 언어인가. 나는 언어를 읽어 내기 위해 책 앞에 한참이나 머문 것인가. 이렇게 생각하면 책은 언어를 내장한 그릇이다. 언어가 능동적인 역할을 하는 동안 책은 수동적인 기능을 했으니. 그런데 어쩌면 책은 능동적인 환경 자체인 것은 아닐까. 어찌 보면 책은 환경이다. 상승하는 언덕길을 오르다가 등성이를 넘어야 하강하는 언덕길을 경험할 수 있듯이, 책도 전면 페이지를 넘겨야 후면 페이지가 나타난다는 점에서 꼭 환경과 같은 주름들로 이뤄져 있다. 그리고 접혔다 펼쳐졌다 하는 주름들 속에서 모험이 창발한다. 이렇게 생각하면 책은 언어를 담은 수동적인 그릇이라기보다 살아 있는

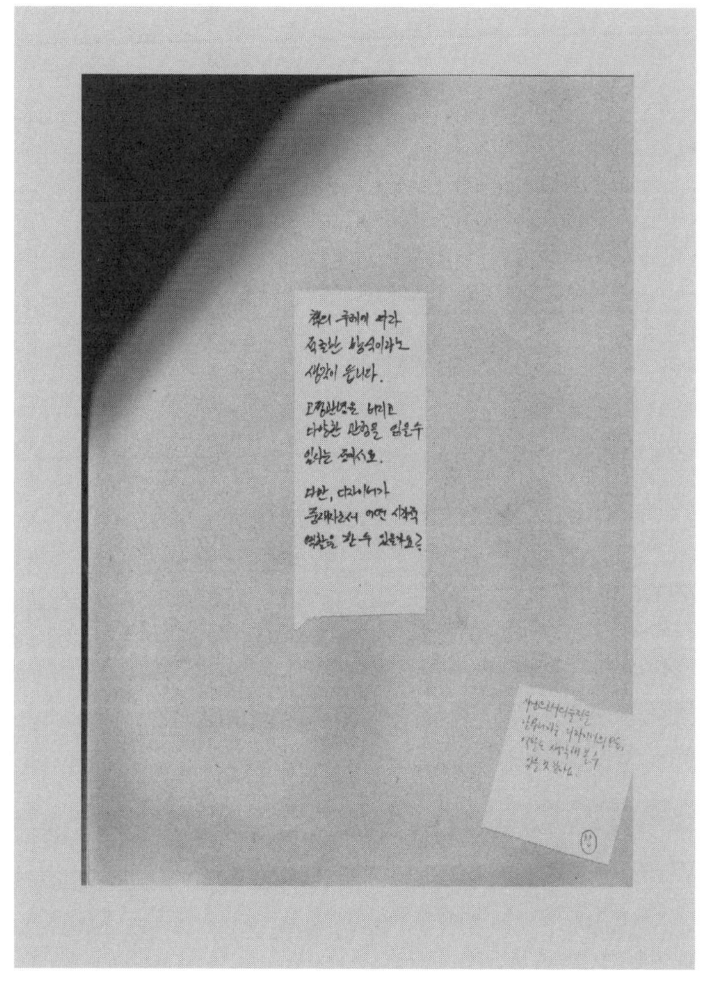

권수진, 『읽고 있음 Reading in Progress』, 2025. (출처: 권수진 제공)

능동적인 환경이다. 그렇다면 내가 경험한 몰입의 경험도 새롭게 설명할 수 있지 않을까? '언어-읽기의 경험'으로만 환원되지 않는 '환경-쓰기의 경험'이라고.

신나는 모험이 주는 기분이 꼭 그렇지 않나. 생동감 넘치는 세상 만물과 주의 깊게 대화를 나누며 덩달아 살아 있음을

권수진, 『시계, 열린 책』, 2025. (출처: 신유진 제공)

감각하는 일. 이어질 새로운 마주침을 기대하게 만드는 일. 이
전시의 교훈은 아마도 출판이 가진 이러한 가능성을 넌지시
드러내는 것이 아닐까 싶었다.

예전에 어느 책에서 읽었는데, 고대 라틴어에서 'codex'라는
말은 '책'을 가리키는 말인 동시에 '나무 몸통'을 가리키는

말이었다고 한다. 숲속의 나무를 생각해 보면, 나무는 그 존재 자체가 이야기이기도 하다. 나이테는 성장의 멈춤과 재개의 흔적을 품고 있으며, 줄기는 바람이 자주 부는 방향을 알려 주고, 치우친 나뭇가지는 햇빛이 비치는 방향을 알려 준다. 뿐만 아니라 나무에 남겨진 긁힌 흔적이나 동물의 체취에서도 이야기가 창발한다. 나무 역시 여백과 이야기와 모험의 선으로 만들어졌으며 장소와 시간을 반영한다. 그렇다면 숲의 나무 역시 '출판물'이지 않은가? 출판물을 꼭 인간이 만든 인공적 업적에만 국한시키지 않는다면 말이다. 창발하는 환경, 창발하는 이야기 모두를 출판으로 인식한다면 구름도 출판물이고 강물도 출판물이다. 나아가 수많은 생명이 구름과 강물을 읽고 그 세계 안에 자기 존재를 쓰면서 살아간다. 다시 그 흔적을 읽는 존재가 있을 것이며, 그에게 이 모든 것은 일종의 출판물로서 읽힐 것이다. 이렇게 인식할 때 사건으로서의 출판, 과정으로서 출판은 창발하는 세계 속의 모든 대화를 향해 시야를 여는 것이 아닐까.

　　이런 생각들을 품은 채 전시장에서 나오는데 새삼 나 자신도 살아 있는 것들의 '출판 과정' 속에 들어와 있는 것처럼 느껴졌다. 그리고 그 기분 덕분에 나는 진정한 의미에서 '마감' 없는 출판을 바라게 되었다. 내가 사무실에 남겨 놓은 작업에서 느꼈던 것은 마감의 부담감이었으리라. 닫힌 출판에서는 마감이 부담스럽기만 했다면, 열린 출판에서는 확정된 마감이 없다는 사실이 더할 나위 없는 기쁨으로 여겨졌다. 출판에 대한 고정된 이해는 사라지고, 좋은 대화가 이뤄지는 열린 장소에 대한 감각이 각인되는 듯했다.

서리북

최진규
포도밭출판사 디자이너. 충북 옥천에서 일한다. 『책 만들기 책』, 『남의 노래』(공저) 등을 썼다.

북&메이커

정전의 리스트 사이에서 길 잃기

김재욱

아무도 책과 미로가 동일한 것이라고 생각하지 않았던 것이지요.

호르헤 루이스 보르헤스, 『픽션들』, 「두 갈래로 갈라지는 오솔길들의 정원」 중에서

고리타분함

정전은 진부하고, 알고리즘은 지루하다. 계보도는 실종됐고, 새로움은 역사가 없는 것처럼 군다. 창작의 연원을 궁금해하지 않는 임의 접속의 시대. 그러나 (백남준의 〈랜덤 액세스〉처럼 어느 방향에서든 대상에 접근할 수 있다는 의미에서의 '랜덤 액세스'가 아니라) 접속의 통로는 정해져 있고 결과물이 랜덤하게 산출되는, 일종의 '뽑기 운'만 작동하는 시대다. '나'를 기반으로 한 알고리즘은 나를 위한 것이 아니라, '나'라는 데이터 뭉치를 재료로 플랫폼 사업자의 배를 불리는 방향으로 설계되었다는 것을 우린 대충 알고 있다. 기업들이 기술 우선주의를 주창하는 건 노동의 해방을 위해서가 아니며, 고용이라는 굴레를 벗어나려는 자본의 시도라는 것 역시 우리는 안다. 임금 지불 없이 작동하는 'AI 금광 찾기'는 노동에서 인간을 제거하고 남은 자원을 전유하려는 시도이다. 피라미드 꼭대기에서 새로운 억만장자가 탄생했다는 뉴스가 들려온다. 사람들은 뉴스의 주인공을 꿈꾸지만 현생에서는 그 꿈을 이룰 수 없다는 사실 또한 알고 있다. 대중이 관심을 갖는 것은 역사보다 미래이고, 미래는 기업들에 의해 설계되는 중이다. 이 과정에서 나와 당신의 선택 같은 건 별로 중요하게 취급되지 않는다는 사실을 우린 이미 다 안다.

청탁의 말씀

따라서 알라딘 같은 곳에서 '21세기 최고의 책'이라는 리스트를 만들었다고 하면, 의심의 눈초리를 먼저 보내는 게 맞는 것 같다. 한국의 인터넷 서점들은 치열한 경쟁 구도에 놓여 있고 대부분의 사안에 대해 매우 상업적인 선택들을 한다. 그나마 다행인 것은 어찌되었든 '서점'이기 때문에 구성원들 중에 '서점에서 일하고자

알라딘 21세기 최고의 책 배너 이미지 (출처: 필자 제공)

하는 사람들'이 얼마간 존재한다는 사실이다. 그들은 가끔 촘촘한 상업적 논리의 틈을 벌리고 싶어하고, 회사는 드물게 이런 시도가 '상업적으로도 크게 나쁘지 않음'을 인정한다.

지난해 가을, 알라딘 구성원들은 '21세기 최고의 책'이라는 주제로 설문을 진행하기 위해 추천인 명단을 추렸다. 알라딘 내부에는 여러 부서가 있지만 책과 관련한 팀들에서 자유롭게 설문 대상자를 추천했다. 최종적으로 내게는 약 200여 명의 저/역자, 편집자, 디자이너, 대표를 비롯한 출판인, 여러 분야의 연구자와 활동가, 언론인의 명단이 생겼다. 목표가 100명 이상의 참여였으니 모든 분께 청탁을 드려보기로 했다.

가급적 다양한 분야의 전문가를 모시길 바랐지만, 애초에 완전한 분야 배분은 불가능하다는 공감대도 있었다. 어떤

방식으로 기준을 정해도 임의적 선택의 결과가 된다. 모두가
납득하는 리스트 같은 것은 존재하지 않고, 구현이 불가능하다.
과거 '필독 세계문학 100선'류의 리스트가 서구 중심, 백인 남성
중심의 작품들로 가득 차 있었던 것처럼, 정전의 리스트가 지닌
태생적 문제가 있을 것이었다. 어떤 질문을 던질 것인가, 누가
묻는가, 누구에게 묻고 누구에게는 묻지 않는가, 어떤 껄끄러움을
피할 것인가. 이를 통해 최종적으로 구성되는 리스트에는 설문
주체의 지향과 사회적 압력이 개입되기 마련이다. 결국 중요한
것은 더 많은, 더 다양한 사람들의 참여인 것 같았다. 그리고
리스트의 취합에서 누가 많은 표를 받는지 따져 순위를 매기는
일보다, 다양하고 넓은 범위의 답변들이 (생략되지 않고) 동시에
보이는 것이 중요하다고 생각했다.

　'지난 25년간 출간된 책 중에서 가장 중요한 책, 현재의
세계에 영향을 끼친 저작, 앞으로의 세대를 위해 더 많이 읽혀야
할 책 열 권'을 뽑아 달라는 것이 최종적으로 정리된 요청이었다.
사반세기 동안 한국에서 출간된 수많은 책 중에서 가장 중요하게
생각하시는 열 권을 뽑아 달라. 다양한 분야의 선생님들께 요청을
드리고 있는데, 고르시는 책은 분야 구분 없이 자유롭게 추천해
주시기를 바란다. 역서의 경우 한국에 정식 출간된 시기가
2000년 이후이면 괜찮다. 절판되거나 품절되어 우리 서점에서
구입할 수 없게 된 책도 상관없다.

　자유도가 있지만 어렵고 모호한 질문. 어떤 가치를
중시하는지, 세계를 어떻게 해석하는지, 어떤 미래를 꿈꾸는지.
흔히 책 한 권이 하나의 세계라고도 하는데, 열 권이나 골라야
하니 문제는 더 복잡해진다. 내가 세계와 관계하는 방식을 열 가지
항목으로 요약해야 할 것 같고…… 그러자니 삶 자체를 돌아봐야

할 것 같기도 하고…… 죄송스럽지만 청탁문에 대한 해석은
자유롭게 해 주시길 바랐다. 그리고 방대한 선택지가 있는 만큼
표가 몰리는 책이 많지 않을 것으로 봤다. 각종 예외를 포함한
자유로운 의견이 도착하길 바랐고, 바라던 대로 넓은 스펙트럼의
목록들이 입수되었다. 비균질적이고 제멋대로인 목록들은 점차
크고 아름다운 패치워크처럼 조직되기 시작했다.

제임스 베닝을 수용하기

'21세기 최고의 책'이 레퍼런스로 삼은 것은 영국영화협회(BFI)에서
발행하는 매거진 《사이트 앤 사운드(*Sight and Sound*)》가 10년 단위로
진행하는 '역대 최고의 영화' 설문이다. 이 설문은
전 세계의 영화감독, 평론가, 프로그래머, 큐레이터, 아키비스트,
연구자들에게 그들 자신의 '톱 10'을 묻고 그 결과를 취합해
꾸린다. 1952년부터 10년 단위로 리스트를 갱신하는데, 시대의
흐름에 따라 영화 전문가들이 무엇을 훌륭한 영화로 보는지
그 관점 역시 변한다는 사실을 깨닫게 한다. 투표 초창기부터
1위를 놓친 적이 없던 오손 웰스의 〈시민 케인〉은 2012년
히치콕의 〈현기증〉에게 1위 자리를 내주었다. 2022년
투표에서 1위로 선정된 것은 이전 투표에서는 10위 내에도
들지 못했던 여성 감독 샹탈 아케르만의 페미니즘 영화 〈잔느
딜망〉이었다. 《사이트 앤 사운드》의 리스트가 훨씬 흥미로워진
건 이 시점부터였다고 해도 좋겠다. 오랜 세월 영화 역사의
주인공이었던 백인 남성들을 리스트에서 밀어내고 그 자리를
여성, 퀴어, 비백인 남성들이 채우기 시작한 것이다. 투표인단의
수를 늘리고 보다 다양한 사람들에게 투표권을 준 결과였다.
　　《사이트 앤 사운드》 설문의 또 다른 매력은 개별 투표자의

리스트를 확인할 수 있다는 점이다. 우리는 벨라 타르, 존 카펜터, 마틴 스코세이지, 아키 카리우스마키, 낸 골딘, 조지 밀러, 소피아 코폴라, 리처드 링클레이터, 차이밍량, 홍상수, 봉준호, 미아 한센-뢰베, 마틴 맥도나 등 전설적이거나, 대단히 유명하거나, 대단한 괴짜이거나, 최근에 각광받는 영화감독들이 꼽은 '역대 최고의 영화 10편' 리스트를 확인할 수 있다.

돌이켜 보면 나 역시 어린 시절부터 이런 리스트를 보고 자랐다. 내가 이미 아는 것과 새롭게 알게 되는 것들 사이에서 점점 더 알고자 하는 욕망도 함께 자라났던 기억. 영화 잡지《키노》나 음악 잡지《서브》가 그랬고,《피치포크》올해의 음반 100선이나 《까이에 뒤 시네마》올해의 영화를 찾아보는 일이 그랬던 것처럼, 리스트는 사람들의 흥분을 자아내는 경향이 있다. (100장의 앨범을 듣는 데 2주가, 100편의 영화를 보는 데 한 분기가 필요한 것에 반해 100권을 읽으려면 1년이 통째로 필요하다는 사소한 문제가 있지만) 책도 이런 정전의 리스트가 새로운 독자를 유인하는 방법이자 시장을 돌아가게 하는 윤활유 역할을 한다는 것은 분명하다. '위대한' 무언가를 '투표'로 줄 세운다는 것에 이미 권력이 발생하고 소외되는 존재가 생긴다는 사실을 외면하고 싶을 정도로 '목록'에는 군침을 흘리게 만드는 무언가가 있다.

그리고 조금 더 나아간다면, 제임스 베닝 같은 경우가 있다. 고정된 카메라로 미국의 풍경을 아주 긴 테이크로 담는 (많은 사람들이 졸음을 참기 힘들어 하는 것으로 알고 있다) 영화 작업을 지속해 온 베닝은《사이트 앤 사운드》의 설문지에 자신의 영화 열 편을 적어서 제출했다. "영화를 많이 보지 않기 때문에, 나의 유일한 레퍼런스는 나 자신이다(Since I don't see many films, my only reference is my own)"라는 선정 이유와 함께. 그도 그럴 것이 베닝의 영화에 다른

<table>
<tr><td colspan="3">

James Benning

Filmmaker
USA

</td></tr>
</table>

Voted for

Film	Year	Director
ALLENSWORTH	2022	James Benning
two moons	2018	James Benning
L. Cohen	2017	James Benning
Ash 01	2016	James Benning
Stemple Pass	2012	James Benning
Ruhr	2009	James Benning
RR	2007	James Benning
Four Corners	1997	James Benning
Landscape Suicide	1986	James Benning
11 X 14	1977	James Benning

Comments

Since I don't see many films, my only reference is my own.

미국의 영화 감독 제임스 베닝은 《사이트 앤 사운드》 설문지에 자신의 영화 10편을 적어 제출했다. (출처: 필자 제공)

레퍼런스가 있을 것처럼 보이지는 않는다. 베닝의 선택은 대중의 힐난을 받기도 하지만, 세상 어딘가에는 나처럼 환호하고 기억해 두는 사람도 있을 것이다. 이런 예외를 허용했기 때문에 더 좋은 목록이 되었다고 생각하는 사람이…….

역사가 개입하다

청탁과 회신 메일을 주고받던 우리(추천인들과 나)는 함께 2024년 12월 3일을 통과했다. 어수선한 밤, 어지러운 시국, 책을 이야기하는 일상의 소중함…… 주고받는 인사말에 변화가 생겼다. 서로의 안위를 걱정하고, 한탄과 분개를 번갈아 내뱉고, 광장에서의 스케줄이 공유됐다. 하나둘 도착하기 시작한 목록에도 민주주의와 독재 권력, 국가 폭력과 민중 운동에 관한 책들이 여럿 보였으며, 이미 제출된 추천 목록의 변경을 요청하는 경우도 생겼다. 목록은 우리가 마주한 정치적 상황과 대치 중이었다.

그러나 목록에 반영된 선택들이 단지 계엄의 밤 때문만이라고 생각하지는 않는다. 우리 사회의 압력은 이미 한계에 봉착해 있었고, 목록이 담는 비판적 성찰의 방향성이 위법적 계엄 선포 전후로 달라지지 않았다. 단정적으로 말하지 않기 위해 조심스러웠던 말투가 좀 더 확고한 태도로 변하는 정도였달까? 12월 8일, 한강 작가의 노벨 문학상 수상 연설 〈빛과 실〉이 라이브로 중계되었다. "과거가 현재를 도울 수 있는가? 죽은 자가 산 자를 구할 수 있는가? 세계는 왜 이토록 폭력적이고 고통스러운가? 동시에 세계는 어떻게 이렇게 아름다운가?"*

나는 '최고의 책' 서가에 입고되는 책들의 면면에 대해 다시 생각했다. 리스트를 보내오는 사람들 사이에는 어떤 비감 같은 것이 공유되고 있었다. 그것은 최선을 다해 답을 찾고자 하지만, 해결할 수 없는 현실 사회의 문제들에 대한 이야기였다. 목록은 점점 더 나빠지기만 하는 현실과 그로 인해 고통받는 약자들에 대해 쉬지 않고 말하려 했다. 더불어 그 사이에서 발견되는 드문 아름다움에 대해서도. 이 목록이 우리 사회의 경향을 충실히 담아낼 수 있겠다는 확신이 들었다. 우리는 각자의 자리에서 거의 같은 말을 하고 있지 않은지?

우리의 세계만 한 누더기 지도

최종적으로 추천을 받은 책은 809권. 106명이 행사한 1,060표

---

* 한강, 〈빛과 실〉, 노벨 문학상 수상 연설, 2024.

106인이 뽑은 21세기 최고의 책 리스트 일부 (출처: 필자 제공)

중 25퍼센트 정도만 복수의 추천을 받은 셈이다. 전체 리스트
중 문학/에세이와 인문/사회과학 분야가 비슷한 수치로 가장
높은 비중을 차지했고, 과학/역사/예술/만화가 그 뒤를 이었다.
문학동네, 민음사, 창비, 문학과지성사 등 대형 문학/종합
출판사들이 많은 지지를 받았지만, 오월의봄, 그린비, 후마니타스,
교양인, 돌베개, 현실문화 등 인문사회/비판이론 중심의
출판사들의 책도 다수 목록에 포함되었다.

한강의 『소년이 온다』는 열일곱 명의 지지를 받아 가장 많은 표를 얻었다. 정희진의 『페미니즘의 도전』이 열 표를 얻어 그 뒤를 이었다. 김현경의 『사람, 장소, 환대』, 주디스 버틀러의 『젠더 트러블』은 여덟 표씩을 얻었다. 김혜순의 『날개 환상통』(7표), 토마 피케티의 『21세기 자본』(6표), 김초엽의 『우리가 빛의 속도로 갈 수 없다면』(6표), 이민진의 『파친코』(6표), 테드 창의 『당신 인생의 이야기』(5표), 리베카 솔닛의 『멀고도 가까운』(5표), 애나 로웬하웁트 칭의 『세계 끝의 버섯』(5표), 마이클 샌델의 『정의란 무엇인가』(5표), 한강의 『채식주의자』(5표)가 뒤를 이었다.

공동 순위를 고려해서 상위 마흔아홉 권의 목록을 보면 확고한 경향성을 발견할 수 있다. 페미니즘, 계급, 젠더와 젠더 수행성, 빈곤, 장애, 생태와 돌봄, 4·3 사건, 5·18 민주화 운동, 세월호 참사를 비롯한 기억과 폭력의 문제, 자본주의 비판과 노동 주권, 전쟁과 여성의 목소리, 사회적 약자에 대한 관심, 디아스포라와 이동성, 공고한 가부장제와 자본주의의 문제, 독점된 권력이 야기한 문제들을 다룬 책이 여럿 있었다. 『21세기 자본』, 『정의란 무엇인가』, 『82년생 김지영』, 『사피엔스』, 『어떻게 죽을 것인가』처럼 출간 당시 화제를 모으며 대중적으로도 널리 알려진 책이 있는가 하면, 『페미니즘의 도전』, 『사람, 장소, 환대』, 『날개 환상통』, 『멀고도 가까운』, 『나의 눈부신 친구』, 『부모와 다른 아이들』처럼 오랜 시간 동안 해당 분야에서 공고한 지지를 받은 책들도 있다. 『세계 끝의 버섯』, 『랭스로 되돌아가다』, 『망명과 자긍심』, 『일탈』, 『존재양식의 탐구』처럼 새로운 시대의 고민이 목록에 이미 반영되었음을 깨닫게 하는 책이 있는가 하면, 『사당동 더하기 25』, 『소금꽃나무』, 『한국 신자유주의의 기원과 형성』, 『축의 시대』, 『페르세폴리스』처럼 잠시 잊고 있다가 우리

곁으로 돌아온 책들도 있다. 리스트 발표 이후 독자들 사이에서 나름의 반향이 있었고, 아마도 출판사에 많이 남아 있지 않던 재고가 소진되어 품절에 이르는 경우도 있었던 것으로 보인다.

작가별로 보면 김연수, 우치다 다쓰루, 미셸 푸코, 정희진, 황정은, 4·16세월호참사 작가기록단, W.G. 제발트, 김애란, 로맹 가리, 로베르토 볼라뇨, 롤랑 바르트, 루이 알튀세르, 리베카 솔닛, 마거릿 애트우드, 박동섭, 박솔뫼, 슬라보예 지젝, 신형철, 올가 토카르추크, 존 버거, 진태원, 한강, 한나 아렌트가 세 권 이상의 책을 목록에 올렸다.

노벨문학상 수상 소식이 들려온 지 두 달이 안 된 시점이었던 한강 작가와 김혜순, 배수아, 황정은, 김초엽을 위시한 한국문학, 그리고 문학이 아니더라도 여성 저자들에 대한 지지는 단단했다. 과학책이 많지는 않았지만 과학철학 등 인문적 감수성과 결합한 과학 서사는 각광받았다. 미셸 푸코, 주디스 버틀러, 카를 마르크스, 자크 라캉, 슬라보예 지젝과 그들의 이론이 다양한 방식으로 회자되었다. 세부 분류 기준으로 영미문학과 2000년대 이후 한국소설이 가장 많았지만 현대 시, 사회운동사, 생태학, 장애학, 기술비평 역시 낮지 않은 비율을 차지했다. 직접적으로 다룬 책은 적어도 신유물론, 생명정치, 커먼즈에 대한 생각들이 저변에 깔려 있다는 느낌도 들었다.

리스트 전체에서 사회 구조와 권력에 대한 비판은 공통 분모가 되었다고 해도 좋을 것 같다. 소수자, 사회적 약자, 노동자의 목소리, 생존과 윤리의 사유, 가속 발전에 대한 우려, 사회 불평등과 이를 촉발시킨 체제의 문제를 확인할 수 있다. 이는 곧 우리가 사는 세계 그대로의 모습이라는 생각도 든다. 자본과 효율의 논리에서 벗어나 우리 사회가 실제로 숨쉬는 모습(어떤 고통 속에서 얼마나 어렵게

숨쉬는가)를 채집하고, 이 문제를 어떤 이론과 실천으로 극복해야
할지 고민하는 지성적 사유의 집합체로 봐도 좋을 것 같다.

헤매는 자를 위한 길 잃기

청탁에는 열 권 중 한 권에 대한 짧은 추천의 말을 덧붙여 달라는
요청이 있었는데, 글항아리 출판사 이은혜 편집장은 열 권 모두에
추천의 말을 덧붙였다. 가장 긴 추천사는 러시아문학 연구자
김수환이 『체벤구르』에 대해 쓴 '21세기 작가 플라토노프 읽기:
공산주의라는 항우울제'로, 요청한 분량의 10배를 훌쩍 넘겼다.
절판된 아티스트북으로 채워진 시인 김뉘연의 리스트에서
독자가 구할 수 있는 책은 세 권뿐이다. 2025년에 『김구용 문학
전집』에 대한 이수명의 텍스트를 읽으리라 기대한 사람은 드물
것 같다. 철학자 강유원의 리스트에서 읽어낼 수 있는 시대의
흐름을 헤아려 보는 것도 즐거운 일일 것이다. 장애학 연구 활동가
김도현의 목록에서는 그가 매진해 온 투쟁의 이론적 단초와
그가 추구하는 해방의 지향점을 짐작해 볼 수 있다. 『괭이부리말
아이들』의 작가 김중미의 리스트에 『아이들의 계급투쟁』,
『울고 있는 아이에게 말을 걸면』, 『노랑의 미로』, 『있지만 없는
아이들』이 있다는 사실을 보면 그가 자신의 행로와 관련한 책을
계속 기민하게 읽는 중이라는 사실을 실감하게 된다. 책 주변에
종사하는 이들에게 질문을 던졌다고 생각했지만, 실은 성실한
독서가들에게 질문을 던진 것이었다는 사실을 새삼 깨닫는다.
주섬주섬 눈여겨 본 책들을 장바구니에 담는다. 내게도 이미
목록에 포함된 몇백 권의 책이 있고, 그중에 읽지 않은 책이 더
많다는 사실에는 단호히 눈을 감은 채로⋯⋯.
　　우리는 누군가 우리에게 중요한 사람일 때 그의 선택에

신경을 쓴다. 그가 고른 책을 참고해 나의 세계가 변화하기도 한다. 그렇게 시작된 책과의 만남이 책 속의 또 다른 만남으로 연장된다. 책에서 발견하는 가장 반가운 것 중 하나가 그 책이 '반해 있는' 다른 책이나 작가의 존재이기도 하니……. 목록의 세부에 대해 더 말하는 건 큰 의미가 없을 것 같다. 왜냐하면 책과 미로는 동일한 것이기 때문이다. 웹사이트에 마련된 리스트의 미로를 돌며 직접 확인하시기를. 당신의 구매 목록에서 추출한 '당신에게 꼭 맞는 책'이 아니라, 평소 관심을 두지 않았던 예외를 만날 기회를 잡을 수도 있지 않을까?

　언뜻 보면 책의 세계는 뛰어나고 위대한 사람들로만 구성된 것처럼 보이기도 한다. 그러나 책들의 미로에서 만나게 되는 반가운 동료들, 무명의 독자와 잊힌 저자들이 있다. 미로는 지금도 확장하는 중이고 사람들, 유령들, 흐릿한 존재들 사이에서 우리는 이따금 서로의 뒤통수를 본다. 당신은 앞서 걷는 사람인 동시에 내 뒤통수를 보는 사람이다. 우리의 미로는 중첩되어 있고, 그래서 무궁무진하며, 서로의 존재 덕분에 영원하다.

　21세기의 한 시기를 정리해 보자는 질문을 던졌지만 그 부제를 '기억할 책, 함께할 책'으로 붙인 데에는 계속됨을 암시하는 측면이 있었다. 리스트는 완결되지 못한 채 변화하고 증식할 것이다. 우리는 질문을 던졌지만, 이는 결론에 닿기 위함이 아니라 우리가 어떤 질문을 가지고 있는지 서로에게 묻기 위한 시도였던 것 같기도 하다. 더 많은 사람들이 참여한 책의 목록이 더 복잡한 미로를 만들고 그 안을 헤맬 수 있기를. 광장을 가득 메운 인파 속에서 그동안 호명되지 못하던 정치체들의 목소리를 들었던 지난 겨울처럼. 길 잃은 자들의 발걸음이, 알고리즘이 설계한 경로 밖으로 새로운 길을 낼 것이다. 서리북

알라딘 21세기 최고의 책 선정 참여자 106인

강보원(시인), 강소영(편집자), 강유원(철학자), 곽재식(작가), 구병모(소설가), 권김현영(여성학자), 권남희(번역가, 작가), 금정연(작가), 김겨울(작가, 크리에이터), 김금희(소설가), 김남주(번역가), 김뉘연(시인), 김도현(활동가, 연구자), 김동수(작가), 김두얼(경제학자), 김명남(번역가), 김병욱(번역가), 김상욱(물리학자), 김성희(만화가), 김소영(작가), 김수박(만화가), 김수환(연구자), 김용언(작가), 김원영(작가), 김유림(시인), 김유태(기자, 시인), 김준혁(편집자), 김중미(작가), 김지승(작가), 김초엽(소설가), 김태성(번역가), 김학원(출판인), 김해인(작가, 편집자), 김현경(인류학자), 김현우(번역가), 김혼비(작가), 김화진(소설가), 김희경(작가, 연구자), 김희진(출판인), 노승영(번역가), 노지양(번역가), 류은숙(활동가, 연구자), 박건웅(만화가), 박동섭(연구자), 박동수(편집자), 박솔뫼(소설가), 박중서(번역가), 박태근(편집자), 배세진(연구자), 서성진(편집자), 서효인(시인), 손희정(평론가), 신유진(작가), 안희연(시인), 오찬호(사회학자), 오혜진(평론가), 유운성(평론가), 유지원(디자이너), 윤영천(편집자), 은유(작가), 이꽃님(작가), 이다혜(기자), 이라영(연구자), 이수명(시인), 이수현(번역가), 이연숙(평론가), 이은혜(편집자), 이장욱(작가), 이재영(디자이너), 이정모(과학저술가), 이현우(서평가), 이희주(출판인), 임경선(작가), 임솔아(작가), 임지호(편집자), 장강명(소설가), 장석준(사회학자), 장성주(번역가), 장원(편집자), 장혜영(정당인), 전가경(디자이너), 정기현(소설가, 편집자), 정보라(소설가), 정세랑(소설가), 정여울(작가), 정우현(생물학자), 정은숙(출판인), 정혜윤(작가, PD), 정희진(여성학자), 조문영(인류학자), 조영학(번역가), 조해진(소설가), 진은영(시인), 진태원(연구자), 최용준(번역가), 최재봉(기자), 하미나(작가), 한승태(작가), 허연(시인), 허진(번역가), 홍명교(활동가), 홍민지(작가, PD), 홍한별(번역가), 황예인(출판인), 황유원(시인, 번역가), 황인찬(시인).

김재욱

인터넷서점 알라딘에서 이런저런 일을 하며 여러 해를 보냈다. 전망은 밝지 않다.

리뷰

서울
리뷰 오브
북스

『먼저 온 미래』
장강명 지음
동아시아, 2025

인공지능의 유토피아, 인간의 디스토피아?:

기술결정론의 그림자와 새로운 가치의 (불)가능성

김성우

2016년 3월, 이세돌 9단과 구글 딥마인드 알파고 간 세기의 대국. 바둑계와 대다수 시민은 이세돌의 승리를 점쳤다. 결과는 1승 4패. 반박할 수 없는 알파고의 승리였다. '알파고 충격'은 인간이 바둑을 대하는 태도를 완전히 바꾸어 놓았다. 다음 해 커제 9단이 다시 한번 인공지능과의 대국에 나섰을 때는 아무도 인간의 승리를 믿지 않았다. 예상대로 결과는 3연패였다. 2017년 10월에는 구글이 괴물을 풀어놓았다. 이름하여 알파고 제로. '제로'라는 이름이 의미하듯 인간의 기보 따위는 필요 없었다. 72시간 동안 490만 판을 혼자 두더니 알파고 리(AlphaGo Lee)를 100전 100승으로 완파했다. 40일이 지난 후 2,900만 판을 소화한 후에는 알파고 마스터마저 89승 11패로 제압했다. 2019년 말 이세돌 9단은 인공지능 바둑 프로그램의 영향이 커지는 가운데 은퇴를 선언했다. 한 시대의 종언과도 같은 사건이었다. 알파고와 맞붙은 지 겨우 3년 반 만의 일이었다.(『먼저 온 미래』, 11-21쪽)

　'인간 최고수보다 바둑을 더 잘 두는 기계의 출현'으로 요약할 수 없는 변화가 잇따랐다. 충격을 받은 프로 기사들이 바둑계

2016년에 열린 이세돌 대 알파고의 첫 대국.(출처: Flickr)

를 떠났다. 바둑 고수를 꿈꾸던 일부 수련생은 꿈을 접었다. 사범과 수련생의 도제 관계로 이루어지던 바둑 교육은 '인공지능 선생'과 수련생, 이 둘을 매개하는 사범의 관계로 변화했다. 바둑 애호가들은 더 이상 프로 기사 해설자의 수풀이에 귀를 기울이지 않는다. 판세를 읽는 능력에 있어 신뢰는 인공지능 소프트웨어의 몫이다. 모두를 능가하는 '인공지능 마스터'의 출현 덕에 한중일에 집중되던 바둑 고수들의 분포는 전 세계로 확산되고 있다. 최상위 프로 기사도 인공지능으로 학습하지 않으면 좋은 성적을 낼 수 없는 시절이 된 지 오래다. 일부 프로 기사들은 바둑에 헌신하기보다는 인플루언서로서의 삶을 추구한다. 대국과 훈련, 관전 방식과 정체성 변화에 이르기까지, 알파고 충격은 바둑의 모든 영역을 돌이킬 수 없을 정도로 변화시켰다.

　사회적 이슈에 천착하며 꾸준히 소설을 발표하고 있는 장강명 작가는 신작 르포르타주『먼저 온 미래』를 통해 바둑계의 지각변동이 초래할 영향을 깊이 있게 논의한다. 핵심 질문은 크게 세 가지다. 첫째, 알파고 이후 바둑계는 어떻게 변화했는가? 둘째, 바둑계의 변화에 견주어 봤을 때 문학 특히 소설의 세계는 어떻게 변화할 것인가? 셋째, 기술에 의해 사회적, 문화적, 경제적 지형이 급격히 변화하는 상황에서 우리는 어떤 태도와 가치를 가지고 인공지능의 부상에 대응할 것인가? 이를 하나씩 살펴보자.

현장 조사에 기반한 긴요한 성취

첫 번째, 바둑계의 변화를 추적함에 있어 작가는 질적 연구자(qualitative researcher)의 역할을 맡는다. 전현직 프로 기사 30명과 바둑 전문가 6인을 인터뷰해 "그들이 어떤 충격을 받았고 어떤 혼란을 어떻게 감당했는지, 어떻게 적응했고 그 적응을 어떻게 평가하는지"(25쪽) 논의한다. 통찰보다는 관찰, 조망보다는 만남을 선택한 것이다. 인터뷰에서 드러난 바둑계 변화의 핵심 요소들과 창의성, 학습, 일에서 얻는 긍지, 역량의 '민주화', 예술성, 일자리 등의 영역을 엮어 가며 세심히 살핀다.

2022년 11월 챗GPT가 나온 이후 출판된 관련 서적 대부분은 인공지능을 도구로 활용하는 데 중점을 둔다. 이에 비해 현재의 변화가 개개인과 공동체에 어떤 영향을 미치고 있는지를 면밀히 살펴보려는 시도는 드물다. (인공지능 시대를 맞는 다양한 분야의 '마음의 지형'을 살핀『AI 블루』는 이 점에서 예외적이다.) 이런 상황에서 바둑계 내부에서 나오는 날것 그대로의 목소리를 담담히 전달하면서도 사회 각 분야의 경각심을 일으키는 화두를 던지는 이번 저작은 반갑고 긴요한 성취다.

증언들과 논평이 엮인 르포는 흥미로우며 잘 읽힌다. 수십 년

전 바둑의 규칙을 겨우 배우고 심심풀이로 몇 판 둬 본 게 전부였던 나조차 바둑계의 충격을 직접 경험하고 싶어졌을 만큼. 책을 덮자마자 인공지능 바둑 프로그램 리지(Lizzie)를 컴퓨터에 설치했다. 알파고와 유사한 알고리즘으로 구동되는 프로그램과 대면한 지 얼마 안 되어 깨달았다. 인공지능 바둑 프로그램은 신세계였다. 몇 수 앞을 내다보기도 버거웠던 내게, 인공지능은 실시간으로 승률을 계산해 정확한 수치를 제시했다. (몇 수 두지도 않았는데 필자의 승률이 30퍼센트대로 내려앉았다는 사실에 살짝 빈정이 상했지만, 본래 진실은 삼키기 힘든 법이다.) 그럴듯하다고 생각한 수에는 1.6k라는 숫자가 붙어 있었는데, 그것은 리지가 이미 1,600번의 시뮬레이션을 돌려 본 결과라는 뜻이었다. 인간은 제한된 정보와 시간 안에 몇 수에서 몇십 수를 염두에 두고 바둑을 두지만, 인공지능은 사실상 가능한 모든 수를 계산해 미래를 확률화한다. 인간의 한계를 아득히 넘어선 역량이다. '통찰력 있는 수', '직관이 번득이는 수'는 기계에게 그저 수많은 수 중의 하나일 뿐이다. 최고수가 장고를 거듭한 수 또한 최적의 수가 아닐 수 있다. 이제 바둑을 사람에게 배울 필요가 없는 세상이 되었다.

바둑과 소설, 두 세계 사이에서

두 번째로 살필 것은 바둑계의 변화를 통해 본 문학장의 변화다. 작가는 인공지능의 확산 속에서 소설가로서의 전망과 입장을 곳곳에 배치한다. 논의한 바와 같이 인공지능은 바둑의 지평을 근본적으로 바꾸었다. 소설 쓰기 또한 같은 변화를 겪을까? 소설가라는 직업은 미래에도 여전히 존재할까? 소설을 작성하는 법, 이를 수정하는 과정, 소설을 평가하는 방식, 문학장의 언어와 문화 등은 분명 변할 것이고, 이미 변하는 중이다. 작가의 다음 질문은 이러한 변화가 정점에 이른 때를 상정한다.

> "(인공지능이) 명작을 하루에 288편을 써낸다면 나는 그 상황을 어떻게 받아들이게 될까? (……) 인공지능 평론가들이 바로 그 작품이야말로 궁극의 소설이라며 감탄하는데 나는 그걸 이해하기는커녕 살아서 다 읽어낼 수조차 없다면?"(16-17쪽)

질문에 대한 답은 책 전체에 흩어져 있으나, 주된 정조는 회의와 비관에 가깝다. 명작을 '뽑아내는' 인공지능이 등장했을 때 문학과 예술이 그간 누려온 지위는 유지하기 힘들다는 것, 작가가 사랑하고 자랑스러워하는 소설가의 일이 더 이상 유효하지 않을 수 있다는 것이다. 여러 문헌을 통해 인공지능의 급속한 발전을 매일 목도하고 있는 나 또한 저자의 고민에 공감한다. 그럼에도 이 두 세계를 비교하며 오가는 방식에 있어 크게 두 가지 아쉬움이 남는다.

먼저 작가는 바둑계의 새로운 흐름을 다면적으로 포착하고 있다. 프로 바둑의 세계가 '기풍'을 잃었을지는 모르지만 "기사들의 실력이 상향평준화 됐"(95쪽)고, "인간이 쌓아 올린 바둑 지식은 잊어야 했"(73쪽)지만 "바둑이 진짜 재미있어졌"(92쪽)다고 생각하는 기사도 생겨났다. 기술이 가져온 변화의 양면을 균형 있게 다룬 것이다. 그러나 이것을 소설의 영역에 적용함에 있어 상정하는 바둑계는 '폭격으로 폐허가 된 전장'에 가까워 보인다. 인공지능을 프로 기사의 생존을 위협하는 가공할 힘으로 보는 것이다. 그런데 한국기원 소속 프로 기사 수는 2015년 302명(남자 249명, 여자 53명)에서 2024년 434명(남자 349명, 여자 85명)으로 증가했다. 국가별 편차가 있지만 전 세계 프로 기사의 수 또한 소폭 상승했다.

인공지능 충격을 일찌감치 경험했던 체스계의 경험을 반추할 필요가 있다. 1993년 전 세계 그랜드마스터 숫자는 547명이었다. 2025년 현재 그랜드마스터는 1,730여 명에 이른다. 3배가 넘는 숫자다. 1996년 IBM의 인공지능이 인간 최고 체스마스터 가리 카스파로프를 이긴 '딥블루 충격' 이후에도 저변은 지속적으로 확대되었다. 최근 통계는 더 극적이다. 대표적인 체스 웹사이트 체스닷컴(chess.com)의 회원 수가 2022년 1억 명에서 2025년 2억 명으로 급속히 증가한 것이다. 이는 온라인 및 스마트폰 플랫폼의 성장, COVID-19 팬데믹, 〈퀸스 갬빗〉 같은 콘텐츠의 영향 등 체스 저변의 변화에 영향을 미친 요인이 인공지능만은 아니었음을 명백히 보여 준다. 인공지능이 바둑계에 몰고 온 변화는 분명 파괴적이지만, 그것이 어떤 힘을 만나 어떤 방향으로 진화할지 아직 속단할 수는 없다. 소설도 마찬가지다.

다음으로 바둑과 문학을 1 : 1로 비교하기에는 그 차이가 크다는 점을 간과해서는 안 된다고 생각한다. 두 활동이 지향하는 세계가 다르기 때문이다.

바둑은 승패를 전제하며, 한 수 한 수가 모여 승부를 결정짓는다. 한 가설에 따르면 바둑이 전개되는 수의 조합은 $10^{10^{171}}$에 달하는데, 가늠할 수 없을 정도로 천문학적인 숫자이지만 결국 승리 아니면 패배라는 결론으로 수렴한다. 여정이 아무리 복잡해도 게임으로서의 형식이 강제하는 단 하나의 종착지만이 존재하는 것이다. 승패에서 벗어날 수 없는 바둑의 세계에서 인간이 내려야 할 선택은 강화 학습(Reinforcement Learning, RL) 알고리즘으로 최적화할 수 있다. 실제로 알파고 제로는 매 순간 둘 수 있는 모든 착점이 얼마나 좋은지(정책(policy), 특정수가 최선일 확률)와 그 수를 두었을 때 이길 확률이 얼마나 되는지(가치(value), 예상 승률)를 동시에 계산한다. 이 과정에서 알파고는 가상 대국을 수없이 돌려 본다. 이를 종합했을 때 가장 많이 이겨 본 수, 승산을 최대한 높일 수 있는 수를 선택한다.

문학은 승부의 세계와는 거리가 멀다. 예술적이지만 규칙에 매여 있는 바둑과는 달리 문학은 언어를 매개로 가능과 불가능, 현실과 가상의 세계를 끊임없이 횡단한다. 규칙을 깨는 것 또한 문학성의 일부이며, 정해진 종착지는 없다. '문학성이 높다'든가, '문학상 선정에 있어 상위권에 포진할 만하다'든가 등의 판단에 있어 최소한의 기준에 합의할 수 있을지 모른다. 하지만 그런 기준은 문학성의 극히 일부일 뿐이며, 때로 지평을 넓히고 경계를 허무는 예술로서의 문학을 배반하기도 한다.

문학의 미래를 논의함에 있어 또 하나 짚고 넘어가야 할 요인이 있다. 바로 독자다. 인공지능이 제대로 된 중장편 소설을 써낼 수 있는 시대가 도래하고 있지만, (장강명 작가의 추후 활동 시기를 고려할 때) 소설의 독자가 인간인 이상 소설 창작에서 인간을 온전히 배제하는 것이 주류로 쉽게 자리 잡을 것이라 예상할 수 없다. 오히려 인간과 인공지능이 짝을 지어 소설을 창작할 때 인간 독자에게 더 어필할 수 있다고 본다. 이런 면에서 작가가 끝까지 밀고 나간 '소설가 vs. 인공지능' 구도는 '소설가+인공지능 vs. 인공지능'으로 수정하는 것이 더 현실적이지 않을까 한다.

결국 문학의 가치는 오로지 텍스트 안에 있지 않으며, 쓰는 이와 텍스트, 그리고 이를 가능케 한 세계와의 관계, 나아가 그러한 복합적 관계의 그물망이 독자와 만나는 다종다양한 방식에 있다. 그렇기에 작가가 '인공지능이 점령한 소설 쓰기의 풍경'을 논의함에 있어 독자와 저자와의 관계, 이들을 둘러싼 사회문화적 조건, 출판과 미디어 환경 등에 대해 상세히 논의하지 않았다는 점은 아쉬움으로 남는다. 문학은 작가뿐 아니라 독자를 전제로 하며, 이들을 둘러싼 사회기술적 생태계에서 진화한다. 관계와 연결, 감응과 수용을 빼고 문학의 미래를 논하는 것은 불가능하다.

대안의 탐색 혹은 가치가 이끄는 기술

세 번째로, 작가는 9장 "가치가 이끄는 기술"과 10장 "인공지능이 아직 하지 못하는 일"을 통해 인공지능이 추동하는 사회문화적 변화 앞에서 우리가 지녀야 할 태도와 가치에 대해 논의한다. 이는 8장을 닫는 두 질문, "프로 기사가 추구해야 하는 삶의 방식을 AI 회사가 함부로 규정해도 되나?"와 "문학작품을 읽고 쓰는 방식을 인공지능이 멋대로 바꿔도 되나?"(271쪽)에 대한 답변으로 볼 수 있다.

작가는 먼저 알파고의 제작사 딥마인드를 거느린 구글을 겨냥한다. 한때 구글의 비공식 슬로건이었던 '사악해지지 말라(Don't be evil)'는 바둑계를 뿌리째 흔들고 수많은 이들에게 절망을 안긴 최근의 기술 만능주의적 행보와 정면으로 배치되며, 구글을 비롯한 빅테크 기업의 본질은 근본적으로 영리 추구 조직임을 지적한다. 아울러 특정 기술은 맥락에 따라 양날의 검이 될 수 있음도 환기한다. 예컨대 구글의 단백질 구조 예측 프로그램 알파폴드(Alphafold)는 그 자체로 '옳은 일'이라 할 수 없는데, 이 기술이 생화학 무기 제조를 위한 도구로 전용될 수 있기 때문이다. 좋기만 한 기술 따위는 없는 것이다.

더욱 문제적인 것은 빅테크 기업이 전통적 기업과는 방향도 스케일도 다른 목표를 추구한다는 사실이다. 특정 영역에서 시장 지배력을 높이는 것을 넘어 "구매한다는 행위, 다른 사람과 연결된다는 행위 자체를 바꾸겠다"(286쪽)는 식이다. 즉 "빅테크 기업들은 우리가 알던 개념을 바꾸고 있으며, 그들 스스로가 하나의 개념이 된다.”(286쪽) 이들은 재화와 서비스가 아니라 욕망과 관계의 지형을 재구획하며, 사람들이 생각하고 느끼는 방식 자체에 침투한다. 철저히 자신의 이익을 극대화하는 전략을 구사하면서도, 소비자들로 하여금 그러한 행위를 자연스러우며 세련되었다고 느끼도록 만드는 것이다.

레이 커즈와일(Ray Kurzweil)과 같은 '테크 구루'들은 이러한 빅테크의 욕망을 담론의 차원에서 자연스러운 것으로 탈바꿈시킨다. 그는 대표작『특이점이 온다』를 통해 “무지막지한 낙관론”을 전개하며, 인간이 “몸과 뇌의 한계를 극복하고, 인간의 사고를 완전히 이해하고, 죽음도 제어할 수 있게 되는 세계”(294쪽)의 도래를 그저 시간문제라고 단언한다. 하지만 작가에 의하면 커즈와일은 “세상의 문제가 뭔지 제대로 정의하지 못”(297-298쪽)했고, 인간이 겪는 본원적 고통에 대해서도 무지하다. 인간에게서 일체의 고통을 제거한다는 아이디어 자체가 인간을 이해하지 못하고 있음을 방증한다는 것이다.

개념-언어의 모호함과 대안의 부재

빅테크 및 이를 둘러싼 기술 낙관론자들에 대한 작가의 비판에 십분 공감하면서도, 비판의 경로에 대해서는 아쉬움이 남는다. 우선 그의 비판은 우리가 기술과 이데올로기의 전방위적 포화에 맞서기 위해 동원하는 '좋은 삶'이라는 말을 제대로 이해하지도 규정하지도 못하고 있다는 전제에서 출발한다. 작가에 따르면 우리는 가치 있는 삶, 재미있는 삶이 그렇지 않은 삶보다 더 나은 삶이라는 것을 알고는 있지만, 이를 구성하는 핵심 개념 즉, 재미가 무엇인지, 가치가 무엇인지 명확히 정의하지 못하고 있다.(301쪽) 사실 인간이 일상적으로 사용하는 개념-언어의 모호성에 대한 비판은 책 전반을 관통한다. '위대함'(15쪽), '세력, 두터움, 단단함, 둔탁함, 기세, 대세관'(29쪽), '창의성'(45쪽), '기풍'(115쪽), '기세'(128쪽) 등은 명확한 정의 없이 사용되어 온 개념이며, 인공지능의 부상 속에서 그 실체의 빈약함이 확연히 드러나고 있다는 것이다.

"왜 이런 의견 차이가 나오는 걸까? 기풍은 사라진 걸까? 사라지지 않은 걸까? '기풍이라는 단어가 문제'라는 게 내 대답이다. 그 단어에는 두 가지 의미가 섞여 있었다. 그리고 알파고 때문에 우리는 그 단어가 명확히 정의되어 있지 않음을 깨닫게 되었다."(124쪽)

"기풍은 도대체 무엇인가? 경향성인가, 성격인가, 철학인가, 세계관인가? (……) 언어는 도구다. 그 도구에 기대지 않는 인공지능이 언어라는 도구에 기대야만 하는 인간들보다 더 훌륭하게 과제들을 수행할 때, 언어에는 균열이 생긴다. 우리는 '그 말이 무슨 뜻이냐?'를 비로소 제대로 묻게 된다."(127쪽)

특정한 영역에서 인공지능의 역량이 인간을 앞지를 때 그 역량을 둘러싼 개념의 체계에 '균열'이 생긴다는 저자의 지적은 일견 타당하다. 그러나 '일상어의 균열'은 인공지능의 부상이 초래하는 결과라기보다는 일상어의 기본적 속성에 가깝다. 우리는 '욕망'을 정의하지 않고 욕망을 주제로 대화하고 '사랑'이라는 개념을 정의하지 않고 사랑을 말한다. 세상에 수많은 사랑 고백이 있었지만, "너를 사랑해"라는 고백에 "너의 지금 발화에서 사용한 '너'는 무엇이고, '사랑'은 무엇인지 엄밀하게 정의되지 않아서 고백을 받아줄 수가 없어"라고 말하는 사람에 대해 들어보진 못했다. 만약 그런 사람이 있다면 애초에 고백을 받아 줄 생각이 없는 고약한 언어학자일 가능성이 높다.

개념의 분석적 정의가 아니라 사용이 바로 언어의 의미라는 후기 비트겐슈타인의 언어관은 이를 명료하게 설명한다. '사랑'의 의미는 사전의 정의로 나열된 명제들이 아니라 수많은 발화, 문화적 공유, 사용 맥락의 축적 그 자체다. 개개인은 언어 공동체의 규칙-관행을 체화하고 있으며 상황적, 사회문화적, 제도적 맥락에 대한 지식을 가지고 있다. 이러한 조건은 사전에 정의되지 않은 개념을 가지고 그다지 문제 없이 소통할 수 있도록 한다. 다시 말해 의사소통은 명시적으로 공유된 정의가 아니라 암묵적으로 합의되는 상호주관성(intersubjectivity)으로, 의미의 '가족 유사성(family resemblance)'으로 가능한 것이다. ('소통의 법칙'이 달라지는 과학 논문에서는 이와는 다른 '사랑'의 정의가 통용된다. 개념적 엄밀성을 지닌 조작적 정의가 요구되는 것이다. 예를 들어 사랑을 주제로 하는 실험 심리학 논문에서 "본 논문에서 사용되는 '사랑'은 '사랑해' 할 때 그 '사랑'입니다"라고 말할 수는 없다.)

대안의 부재는 어디에서 기인하는가

그럼에도 불구하고 작가는 결론에서 "나는 가치가 기술을 이끌기를 바란다. 가치 있는 기술은 그런 맥락에서만 나온다"고 선언한다. 현재의 기술 개발은 이와는 정반대의 방향에서 이루어지고 있으며, 되려 "기술이 가치를 왜곡하고 훼손하고 변질시키"고 있다는 주장이다.(302쪽) 하지만 저자도 의식하고 있듯이 이 '가치'의 정의는 여전히 불분명하다. 기업의 이윤과 군사주의를 중심으로 하는 정치경제적 역학이 좋은 삶을 이루는 데 걸림돌이 된다는 지적은 타당하다. 하지만 이러한 가치, 즉 '좋은 삶'에 대한 정의를 가능케 하는 학술장의 빈약함을 지적하는 부분의 한계는 명확하다. 인문학과 철학이 제구실을 못하고 있다는 주장인데, 이를 뒷받침하는 논거가 부실하다. 대표적으로 다음과 같은 구절이 그렇다.

"부분적으로는 우리의 철학이나 인문학이 계몽주의 사상에 갇혀 있기 때문이다. 문명이 세속화의 길을 걸으면서 우리는 '좋은 삶'이라는 문제를 개인들에게 맡겼다. 자본주의는 합리적 개인들이 자기 삶에 가장 유용한 재화나 서비스를 각자 알아서 찾을 거라고 가정한다. 케인스도 그렇게 생각하는 사람이었다."(303쪽)

저자는 계몽을 세속화에서 시작해 개인화, 나아가 자본주의 사회에서의 합리적 선택에의 강조로 이어지는 단선적 과정으로 도식화하고, 이 모든 과정에서 인문학과 철학이 '좋은 삶'에 대한 논의를 제대로 수행하지 못했다고 단정한다. 하지만, 이는 계몽의 복수성과 내부 긴장을 간과한 해석이다. 계몽은 단일한 흐름으로 본질화할 수 없는 사회적, 역사적, 담론적, 기술적 힘의 얽힘이다. 공공의 이성, 타인에 대한 공감과 도덕 감정, 시민적 덕과 권리 담론, 서로 다른 사회 질서 속 과학의 발전, 나아가 계몽 자체를 비판적 성찰까지 포괄하는 흐름이기도 하다. (여기에서 '작가의 계몽주의 비판은 계몽이 아닌가?'라는 진부한 비판을 되풀이하지 않을 수 없다.)

인문학과 철학 역시 완벽하진 않지만 사회가 공유할 가치 기준을 만들고 조정하기 위한 다양한 이론적 도구를 축적해 왔다. 예컨대 개개인의 역량과 기회에 주목하는 접근, 토론과 합의를 통해 규범을 정당화하는 절차적 접근, 서로 다른 가치들의 공존을 전제로 한 관점, 성품과 돌봄을 중시하는 윤리, 공동선을 조직 원리로 삼는 정책 설계 등이 그것이다. 최근에는 인공지능과 윤리를 연결하는 '인공지능 윤리(AI Ethics)'가 윤리학의 주요 분과로 자리 잡기 시작했으며, 이 주제에 집중하는 학술지 《인공지능과 윤리(AI and

Ethics)》는 창간 5년째를 맞았다. 학술지《빅 데이터와 사회(*Big Data and Society*)》는 기술과 사회의 관계를 다면적이고 비판적으로 논의하는 논문을 꾸준히 내고 있다. 인공지능 시스템의 가치 정렬(AI alignment), 알고리즘 정의(Algorithmic justice) 등에 대한 학술장의 논의와 함께 인공지능의 무차별적 침투와 빅테크의 일방적 권력에 저항하는 시민 단체와 예술가, 노동조합 등의 활동 또한 활발해지고 있다.

이런 면에서 복잡다단한 개념의 역사와 '더 좋은/나은 삶'에 대한 학문적 고찰, 시민 단체와 노동계의 저항을 괄호 친 채 문제를 계몽의 관성에 갇힌 학술장의 실패와 개인주의로 단순화하는 것은 저자가 제안하는 가치 추구에 역행하는 일이다. 더불어 존 메이너드 케인스와 같은 특정 경제 사상가의 배경을 주요 논거로 이론 전체를 재단하는 것은, 특정 사상에 대한 평가를 주창자의 전기로 환원하는 오류에 가깝다. 요컨대 문제는 계몽주의나 철학 및 인문학, 케인스의 성향에서 파생된 케인스주의의 한계라기보다, 우리 사회가 가용한 학문적, 개념적 자원을 교육과 공론장으로 불러들이고 사회가 지향해야 할 가치 체계를 충분히 제도화하지 못하고 있다는 점, 빅테크의 전횡을 견제하고 불평등을 완화하는 저항과 연대에 실질적 권력을 부여하지 못했다는 점, 나아가 자본주의를 넘어서는 급진적 상상력의 조직과 실천에 지속적으로 실패하고 있다는 점에 있다.

어떤 가정은 투항이다

『먼저 온 미래』는 충실한 인터뷰, 적절한 개념 배치, 흡인력 있는 스토리텔링, 인지적·정서적·사회적 요소들의 유기적 결합 등의 미덕을 고루 갖췄다. 아울러 급격한 사회기술적 변동과 작가 개인의 정체성 갈등의 관계를 설득력 있게 재현해 독자들로 하여금 각자의 자리에서 미래를 고민하게 한다. 하지만 바둑과 문학과 같이 사뭇 다른 특성과 역학을 가진 영역 간 비교가 다소 느슨하다는 점, '가치가 이끄는 기술'에 대한 대안의 제시에 있어 지나친 단순화가 엿보인다는 점은 아쉬움으로 남는다.

저작을 읽는 내내 떨쳐 내기 힘들었던 건 바로 '인공지능이 ~한다면'이라는 수사가 갖는 은밀한 힘이었다. 이것은 『먼저 온 미래』뿐 아니라 사회 전반에서 통용되는 말하기 방식인데, 인간의 의지와 관계없이 인공지능이 예술과 과학 전 영역에서 인간을 압도할 것이라는 가정을 담고 있다. 이는 『기술은 우리를 구원하지 않는다』의 저자 박승일이 비판하는 '기술 최대주의(기술이 현재 인류가 겪고 있는 문제를 해결할 것이기에 최대한 빠르고 효율적으로 발전시켜야 한다는 주장)'와 동전의 양면을 이룬다. 기술은 해법이며 기술 발전의 방향은 제어할 수 없는 필연이라는 믿음은 우리가 원하는 미래에 대한 궁리와 토론, 폭력적으로 부과되는 기술에 대한 저항의 상상력을 차단한다. 이 상황에서 개개인은 파편화되며, 냉소와 무기력 혹은 메시아주의가 스민다. 인간이 개입할 여지가 사실상 존재하지 않으며 기술이 인간을 최대의 행복으로 이끌거나 최악의 파국을 초래할 것이라는 결정론적 시각이 득세한다.

그런 면에서 "인공지능이 인간보다 모든 면에서 탁월해진다면"이라고 가정하는 순간, 우리는 이미 기술 결정론에 투항하고 있는 셈이다. 어떤 경로를 거치든 일체의 인간 행위는 탁월한 기계에 의해 대체될 것이 분명할 테니까. 이런 가정이 모이면 기술에 대응하는 힘이 커지는 것이 아니라 기술을 독립 변수로, 인간을 종속 변수로 놓는 경향이 강화된다. 그런데 왜 인간의 모든 특징을 탁월함과 그렇지 못함으로 나누고, 그것의 기준을 생산성과 효율성에 맞추어야 하는가? 왜 인간의 일거수일투족, 관계와 경험, 고통과 희망을 계산 가능성의 잣대 위에 올려놓을 수 있다고 단정하는가? 나는 이러한 단정이 필연이 아닌 기술자본 권력의 효과라고 생각한다.

그렇기에 인공지능이 발달할수록 중요해지는 것은 인간과 인공지능의 가치를 정렬하는 것을 넘어, 인간의 가치를 새롭게 발명하는 일이다. 불가능하다 여겼던 세계를 상상하는 작업 말이다. 누군가는 물을 것이다. 인간이 그렇게 대단한 존재냐고. 아니 그렇지 않다. 인간은 모순적이며 엉망진창이며 다른 존재들에 온전히 의존하는 존재다. 하지만 바로 그렇기에 소위 '탁월한 인공지능의 등장'이 가속화할수록 인간을 줄 세우는 제도와 문화는 사라져야 한다. 다양한 종 간의 위계도 마찬가지다.

나는 인간이 만들어 가야 할 새로운 가치의 핵심에 '탁월하지 않아도 함께 잘 살 수 있는 사회를 구축하기'가 있다고 믿는다. 그것은 궁극적으로 '탁월함'과 '다름'이 유의어인 세계를 지향한다. 탁월하다는 개념은 쉬이 사라지지 않을 것이다. 당신은 내가 상상할 수 없을 정도로 춤을 잘 출 것이고, 나는 당신에 비해 리터러시에 대해 조금 더 떠들 수 있을 것이다. 하지만 그것은 우리가 그저 다르다는 것, 인간은 본래 다양하다는 생각과 그리 멀지 않을 것이다.

기술이 일방적으로 강화하는 권력을 간파하고 불평등에 저항하는 일. 탁월함의 수직축을 무너뜨려 다양함의 평평한 축에 포개는 일. 그리하여 기술 자본주의가 불가능하다고 세뇌시킨 위계의 해체에 끝없이 도전하는 일. 그것이 인간의 핵심 가치가 되는 세계를 꿈꾼다. 그런 꿈들이 모여 '탁월함'이 서로의 존재에 대한 온전한 인정 외에는 아무런 의미 없는 기표가 되는 일상을 상상한다.

이것이 독자로서 장강명 작가가 제기한 '가치가 이끄는 기술'이라
는 화두에 대한 나의 대답이다. 서리북

김성우
리터러시 연구자. 『인공지능은 나의 읽기-쓰기를 어떻게 바꿀까』, 『영어의 마음을 읽는 법』,
『유튜브는 책을 집어삼킬 것인가』(공저), 『인공지능이 가르칠 수 있다는 착각』(공저) 등을 썼다.
캣츠랩 연구위원으로 대학 안팎에서 비판적 응용/사회언어학, 인공지능 리터러시, 영어로 논문 쓰기
등을 가르치고 있다.

📖 저자 박승일은 친숙한 영화들을 통해 기술철학의 주요
테마들을 소개하고, '기술 최대주의', '기술 최소주의',
'개입주의' 담론을 다양한 관점과 예시를 들어 논의한다.
독자는 사회기술적, 철학적 관점에서 인공지능과 로봇 등의
기술을 살피면서 기술을 둘러싼 담론 간의 긴장과 불화를
총체적으로 이해할 수 있다. 이는 시민으로서 현재 기술
권력의 급속한 부상에 실천적으로 개입할 수 있는 개념적
지렛대를 제공한다.

『기술은 우리를 구원하지
않는다』
박승일 지음
사월의책, 2025

"우리를 구원하는 것은 기술 그 자체가 아니라, 기술의
가능성과 불가능성을 동시에 사유하고 그것을 새로운
방향으로 이끌어내는 우리의 실천, 곧 '개입'이라고 말이죠."
"기술주의와 자본주의, 국가주의의 저 삼각동맹이 과연 어떤
미래를 가져올지, 그 사이에서 인류는, 지구는 또 어떻게
될지, 그 어느 때보다 깊은 우려가 제기되는 상황입니다."
"그러니 계속 묻습니다. 우리는, 아니, 당신은 책의 사라짐을
어떻게 마주할 것인가요? 정말, 책이 없어도 되는 걸까요?
당신은 한 세계의 사라짐을 어떻게 대면하고 또 그 세계를
어떻게 살아낼 건가요? 어떤 씨앗을 뿌릴 건가요? 답변보다는
이 질문을 간직해 주길 바랄 뿐입니다." — 책 속에서

📖 인공지능에 대한 이해는 대개 공학적, 도구적 관점에
머무른다. 어떤 기술과 데이터, 하드웨어가 접합되어 새로운
인공지능이 만들어졌는지, 이를 최적의 도구로 사용하는
법은 무엇인지에 관심이 집중되는 것이다. 하지만 그것이
만들어지는 현장에서 인간과 기계의 상호작용을 분석한다면
어떤 모습이 드러날까? MIT의 로봇 제작 과정을 인류학적
관점에서 풀어낸 이 책은 로봇 제작이 공학적인 만큼
사회적인 과정이며 개인의 열망과 상처, 젠더 편향, 소설적
상상력이 얽히는 장이라는 것을 보여 준다.

『로봇과 AI의 인류학』
캐슬린 리처드슨 지음
박충환 옮김
눌민, 2023

"로봇학자들은 자신이 제작하는 기계의 장애, 차이, 고통에
대한 일반적 모델을 도입한다. (……) 로봇학자들의 첫번째
기항지가 바로 자신이기 때문에 그들은 자신이 창조하는
기계에 자신의 고통을 우선적으로 투사한다."
"로봇학자로서 작업을 수행하기에 앞서 그들은 기술적
대상보다 문화적 대상으로서 로봇과 먼저 관계한다.
그렇다면 이 지점에서 일종의 유토피아주의가 작동하는
것은 아닐까?"— 책 속에서

근대 괴물 사기극

거짓말,
실수, 착각,
그리고

괴물 퇴치의
연대기

이산화 지음
최재훈 그림

1758 • 동굴인간
1758 • 지옥분노벌레
1770 • 튀르크인
1784 • 파과 호수의 괴물
1808 • 스톤폰사 짐승
1822 • 피지 인어

1869 • 카디프 거인
1874 • 마다가스카르의 식인 나무
1891 • 크로포즈빌 괴물
1904 • 영리한 한스
1917 • 코팅리 요정
1919 • 콩고의 브론토사우루스

갈매나무

『근대 괴물 사기극』
이산화 지음, 최재훈 그림
갈매나무, 2025

현대 인간 고백록:
괴물은 무엇이고 우리는 누구였나

선우훈

괴물을 되묻는 시대

SF 소설가인 이산화의 『근대 괴물 사기극』은 표면적으로는 괴이한 사건들과 그에 얽힌 인물들을 따라가는 이야기이지만, '괴물'이라는 소재를 통해 근대적 질서가 구축되는 방식과 그 이면의 억압 구조를 역으로 해부하는 독특한 서사다. 총 31가지 사례로 제시된 괴물을 둘러싼 일련의 소동들은 결국 괴물이 존재하지 않으며, 인식의 한계로 일어난 오인이거나 누군가 기획한 사기극이라는 것이 밝혀진다. 이 과정에서 작가는 괴물의 개별적 매력보다도 괴물이라는 상징이 '타자'를 구성해 온 방식과, 당대 인간이 무엇을 부정하고 또 욕망해 왔는가를 드러낸다.

이 책이 특히나 흥미로운 이유는 3세기에 걸친 이야기를 따라가다 보면 괴물과 우리와의 거리가 점점 더 가까워지고 있다는 사실을 깨닫게 된다는 데 있다. 애초에 괴물은 어느 날 갑자기 나타난 것이 아니었다. 비록 신화와 전설 속이지만 늘 인간과 함께 살던 괴물들은 과학의 여명기에 조심스레 육신을 입고 과학적 근거를 가진 존재로 둔갑했다. 그러므로 '근대 괴물'은 당대 사람들

의 인식과 상상력이 결합한 허구이자 과학적 근거를 가진 실재였
다. UFO와 외계인, 추파카브라스(흡혈 괴물)처럼 미디어와 결합한
현대의 괴물들은 다뤄지지 않지만, 오히려 근대라는 적절한 거리
가 현재를 돌아보게 하기에 더 적합할 수도 있다. 어느새 우리는
이제 괴물, 즉 타자가 문명화되지 않은 어떤 장소에 숨어 있는 것
이 아니라 인간의 모습으로 우리 사회에 숨어 있으며, 그들을 퇴치
할 때 비로소 우리 사회가 안녕할 수 있다고 믿는 시대에 살고 있
기 때문이다.

린나이우스의 칼: 괴물 퇴치와 분류의 욕망

책은 크게 1700년대를 다룬 1부, 1800년대를 다룬 2부, 1900년대
를 다룬 3부로 나뉘어 있다. 내용을 감안해 요약하면, 이는 단순한
시간적 구분이 아닌 과학이 부상하는 왕국기, 산업혁명과 식민
지배가 본격화한 제국기, 근대의 부작용이 나타나는 전쟁기에
대한 구분으로 볼 수 있다. 별도로 1735년 '린나이우스가 함부르
크에서 히드라를 퇴치하다'라는 제목의 서장과 1939년 '샌더슨이
스와니강 가에서 발자국을 마주하다'라는 이름의 종장이 책을 열
고 닫는다.

　　서장의 주인공인 히드라는 그리스 신화에 나오듯 일곱 개의
머리와 날카로운 발톱을 달고 있는 오래된 박제였다. 그리고 이를
퇴치한 린나이우스는 스웨덴의 식물학자로 생물 분류학의 기틀을
다진 인물이다. 당시 소유주인 함부르크 시장은 히드라 박제를 비
싼 값에 팔고 싶어 했는데, 의학 박사과정을 마치기 위해 네덜란드
로 향하던 20대 후반의 카롤루스 린나이우스는 히드라 박제가 여
러 동물 사체를 결합한 가짜라는 것을 알아보고 언론에 알렸다고
한다. 나아가 그해 말 『자연의 체계』라는 책을 펴내며 '모순적인

동물’ 항목 맨 위에 함부르크의 히드라를 언급한다.

“린나이우스는 ‘진짜’ 동물과 ‘가짜’ 괴물을 명확히 구분한 뒤, 후자를 전부 몰아냄으로써 실존하는 질서를 드러내고자 했다. 면밀한 관찰을 통해 자연 속 동식물의 형태에 대한 기준을 확립하여, 거기에 들어맞지 않는 사례는 무엇이든 의심을 피할 수 없도록 만들었다. 존재하지 않는다고 결론 내린 괴물에 대해서는 어째서 존재하지 않는지, 왜 이런 거짓말이 만들어졌는지 등의 설명도 나름대로 제시했다. 그야말로 괴물들이 이전까지 직면한 적 없었던 종류의 위협, 말하자면 근대적 의미의 괴물 퇴치였다. 1735년에 함부르크에서 일어난 일은 그 서곡에 지나지 않았다.”(11쪽)

린나이우스는 초판이 나온 1735년부터 1758년까지 열 번이나 책을 개정해 나가는데, 6판에서는 승리를 확신한 듯 아예 ‘모순적인 동물’ 항목을 없애 버렸다. 그런데 저자는 오히려 비과학적이고 불가능한 존재로 전락한 괴물들이 그때부터 과학적인 옷을 입고 스스로 믿을 만한 존재임을 주장하는, 새로운 생존 전략을 택했음을 지적한다. 이 책의 내용이 바로 그들의 전략과 퇴치 과정을 기록한 것이라는 소개와 함께.

우습게도 바로 다음에 이어지는 첫 세 사건은 바로 그 1758년에 나온 『자연의 체계』 10판에 실린 세 동물의 사례다. 인간과 비슷한 왜소한 야행성 종족 ‘동굴인간’은 옛 문헌에 기록이 여럿 있다는 이유로 가짜 히드라를 간파해 낸 린나이우스의 의심을 피했다. 눈에 안 보일 정도로 빠르게 하늘을 날아다니는 ‘지옥분노벌레’는 독충에 쏘였을 때 보이는 반응과 알레르기에 대한 증상을 설명하기 위해 사람들이 사후적으로 상상한 것이었으나, 린나이우스 본인이 어릴 때 그 끔찍한 고통을 느껴 보았기에 경험이 눈을 가린 경우다. '찰턴멧노랑나비'의 경우 '괴물'이라는 말이 무색하게 나비 날개에 누군가 회색 점을 그려 넣은 것으로, 실제로 있을 법하다는 이유로 조용히 90년이나 살아남았다. 그러나 이러한 결함들은 린나이우스의 명성을 거꾸러뜨리지 못했다. 오히려 무엇이든 의심한다는 과학적 방법론이 신뢰를 얻었을 뿐이다.

1770년에 이름이 널리 알려진, 체스를 두는 자동 기계 '튀르크인'은 사람이 들어가 조종하는 속임수를 가진 장치에 불과했지만 서구 문명에 컴퓨터 기술의 꿈을 심었고, 1784년 누군가 지어낸 이야기인 '파과 호수의 괴물'의 이야기는 일간지에 실린 후 패션계에 유행한 뒤 일종의 '밈'이 되어 마리 앙투아네트의 얼굴을 한 풍자화로 돌아다녔다. 마치 과학적 변화가 앞으로의 기술과 문화에서 펼쳐 낼 일을 암시하듯 1700년대 이야기는 막을 내린다.

식민주의와 괴물: 상상의 지리학

이후 1800년대의 서구 사회는 마치 과학이 마침내 그들의 편을 들어주었다는 듯 새로운 과학적 사실을 바탕으로 한 괴물들을 탄생시킨다. 멸종이라는 개념이 아직 발견되지 않은 고대 동물에 대한 상상력을 부추겨 여러 신화 속 동물들의 화석을 꾸며 내고, 오리너구리의 존재가 서로 다른 종의 차이를 잇는 증거로 사용되어 인간과 물고기 사이의 존재인 인어 화석 쇼가 흥행하는 데 일조하는 식이다. 그러나 과학은 동원되는 수사에 불과했다. 이러한 이야기들 속 시간적, 생물학적, 지리적 상상력의 기반은 결국 과학보다는 식민지를 여럿 가진 제국주의적 경험이었다.

신대륙이 구대륙보다 열등한 것이 아님을 주장하기 위해 세상에서 가장 큰 포유류의 화석을 미국에서 찾아내는 일이나, 성서

『근대 괴물 사기극』, 「너 자신을 알라」에 실린 동굴인간을 재현한 최재훈의 삽화. (출처: 갈매나무 제공)

『근대 괴물 사기극』, 「지상 최대의 쇼 개막하다」에 실린 피지 인어를 재현한 최재훈의 삽화.
(출처: 갈매나무 제공)

에 나온 거인의 유해를 누군가 고의로 조작하더라도 사람들이 쉽사리 믿어 버리는 일, 오염된 운석 조각에서 발견된 생물 흔적의 진위를 밝히는 데 150년이 걸린 사례들은 사람들의 상상력이 과학의 부상과 관계없이 여전히 작동하며, 오히려 사실과 거짓을 분간하기 더욱 어려워지도록 만들었을지 모른다는 의심을 남긴다. 괴물을 정말로 믿는 경우뿐 아니라 본격적으로 자신의 이득을 위해 사기극을 꾸미는 경우조차 기존의 관념과 맞아떨어질 때는 훨씬 성공하기가 쉬웠다. 사람들은 자신의 믿음을 위해 간단하게 조작된 과학적 증거를 늘 기다리고 있는 듯 보였다.

1900년대에 진입하자, 과학의 이름을 빌린 믿음은 발달한 기술과 함께 더욱 교묘하게 사람들의 눈과 귀를 가린다. 놀라운 수학적 계산 능력을 보여준 말 '한스'는 제법 오랫동안 과학적 검증을 버텨 냈고, 뱀에 박식한 생물학자는 뱀의 독니와 선물받은 고둥 화석의 차이를 분간하지 못하고 그에 걸맞은 크기의 거대 뱀을 평생 좇는다. 또 라디오에 드라마 형식으로 각색되어 방송된 오손 웰스의 『우주전쟁』은 허구임을 미리 밝혔음에도 화성인들이 침공하는 내용으로 인해 전국적 소동이 있었다고 다음 날 신문에 보도된다. 이는 실제로 사람들이 화성인들이 침공해 왔다고 생각해 행동한 것이 아니라 신문사에 의해 소수의 사례가 부풀려진 사례로, 거의 아무도 믿지 않는 일조차 종국엔 사실이 되는 가짜 뉴스의 기원과 기본적인 작동 방식을 보여 준다.

그중에서도 가장 강력한 기술은 사진이라고 할 수 있겠다. 조잡한 조작 사진에 불과했던 코팅리 요정은 명탐정 셜록 홈즈를 만들어 낸 추리 소설가 아서 코난 도일을 사로잡았고, 네스호의 괴물 네시는 어렴풋이나마 사진에 포착된 덕에 세계적 명성을 얻었다. 하지만 이런 기술이 정말로 위험해지는 것은 그 뒤에 숨은 믿음에 달려 있다. 1929년 '드 루아의 유인원'으로 불리는 사진을 다루는 에피소드는 '사진에는 찍히지 않은 진짜 괴물'이라는 제목이 붙어 있다. 거미원숭이의 사체가 찍힌 사진이 인류학자 몽탕동에 의해 인종 차이, 나아가 차별을 정당화하는 과학적 증거로 사용되었기 때문이다.

미래 괴물의 고백

린나이우스가 자신이 퇴치한 『자연의 체계』에 언급하며 동물과 괴물을 구분하고 퇴치함으로써 자연의 질서를 드러내고자 했듯이, 『근대 괴물 사기극』은 그 만듦새를 통해 이산화 작가의 의도를 드러낸다. 500쪽에 달하는 두께, 한 글자씩 각기 다른 서체로 검은 배경 위에 희고 굵게 강렬하게 쓰인 제목, 간명하게 극장 관객석이 그려진 표지 그림, 사진 대신 흑백 선묘로 정제되어 모든 사례마다 한 장씩 배치된 최재훈 작가의 삽화 등은 이 책이 단지 사례의 나열이 아니라 재구성된 하나의 괴물 서사임을 암시한다. 책 말미의 50쪽이 넘는 방대한 참고문헌과 찾아보기 목록이 함께 연극에 참여한 사람들의 커튼콜처럼 느껴지는 것도 이러한 구성 때문일 것이다.

우리가 알지 못하는 영역에 기거하던 괴물들은, 과학을 앞세운 '문명의 빛'을 비추자 곧 퇴치될 듯 보였다. 그러나 괴물들은 곧 과학적 근거라는 생존 전략을 갖추고, 자연에서 인간이 알지 못하는 영역이 점점 줄어듦에 따라 시간과 공간을 옮겨 다니다가 결국 우리들 사이로 숨어들고 말았다. 우리의 재산을 축내는 유대인으로, 또는 문화를 파괴하는 중동인으로, 혹은 선거를 좌지우지하는 중국인으로.

앞으로 우리는 어떤 괴물을 마주하게 될까. 근대와 현대라는

『근대 괴물 사기극』, 『사진에는 찍히지 않은 진짜 괴물』에 실린 드 루아의 유인원 사진을 재현한
최재훈의 삽화.(출처: 갈매나무 제공)

두 점을 찍었으니 선분을 그을 수 있고, 그 선분을 바탕으로 미래로 나아가는 직선을 그려볼 수 있겠다. 돌이켜보면 괴물이라는 타자의 정체는 우리라는 존재에 점점 근접하고 있다. 신화의 영역에서 생물의 영역으로, 생물에서 같은 인간이되 우리와는 다른 집단으로 둔갑했으니, 언젠가 괴물이 우리와 같은 집단 안에, 어쩌면 내 안에 있다는 사실을 발견하는 것은 아닐까. 미래의 어느 날 홀연히 내가 괴물임을 깨닫는 것이 아니라, 나의 일부가 괴물이라는 것을 우리가 깨달을 때 비로소 우리는 미래에 도달하는 것일지도 모른다. 서리북

선우훈
만화가. 만화 평론가와 현대미술 작가로도 활동하고 있다. 『데미지 오버 타임』, 『나의 살던 고향은』, 『정읍: 샘골 이야기』, 『세상을 바꾼 노래들』 등의 만화를 그렸다. 만화 비평 웹진 《유어마나》 편집장을 지냈고, 만화 비평 팟캐스트 〈주간웹툰〉을 진행했다.

📖『한국 괴물 백과』는 SF 작가 곽재식이 2007년경부터 『삼국유사』,『동국여지승람』,『용재총화』등 고문헌에 등장하는 한국의 괴물 282종을 발췌·정리한 책이다.『근대 괴물 사기극』이 괴물을 둘러싼 사건과 믿음을 따라가며 근대라는 시간을 재구성한 '서사'라면,『한국 괴물 백과』는 이야기의 배경이 되는 괴물 그 자체를 자료로 정리한 '목록'에 가깝다. 전통적인 괴물을 다루었다는 점, 화려한 단색의 표지와 동양의 판화를 닮은 간명한 그림도『근대 괴물 사기극』과 대조된다. 서가에 함께 꽂아 두기에도 어울리고, 옛사람들의 상상력을 바탕으로 괴물에 대한 이야기를 만들어 가고픈 창작자라면 더욱 반가울 것이다.

"매체에 의해 지역의 노인이 들려주는 옛이야기를 조사한다 해도 그 이야기는 현대의 작가들이 가공하고 꾸민 영화, 소설, TV, 라디오의 영향을 받은 내용일 수밖에 없다고 생각했다. (……) 그래서 나는 일정한 기준에 따라 조사하면서 정확히 어느 기록에 그런 이야기가 나오는지 원전을 정확히 밝히면서 한국 괴물 이야기를 모아보아야겠다고 생각했다."
— 책 속에서

『한국 괴물 백과』
곽재식 지음
이강훈 그림
워크룸프레스, 2024

📖『근대 괴물 사기극』을 읽고 괴물의 정체보다 괴물에 반영된 근대를 살아가는 인간의 내면과 일화들이 더욱 흥미로웠던 독자에겐, 현대를 구성하는 핵심 요소인 정보에 대한 책을 추천한다. '정보화 시대'라는 말이 낡게 느껴질 만큼 정보 기술이 일상화된 지금이지만, 과학에서 정보가 갖는 의미는 우리의 예상보다 훨씬 복잡하다. 저자는 '물리학자 중의 물리학자' 존 아치볼드 휠러가 물리학적 관점에서 제시한 '비트에서 존재로?(It from bit?)'라는 질문에 '정보는 무엇인가?(What is information?)'라는 물음을 덧붙여, 과학적 관점의 정보가 무엇인지를 일반인도 이해할 수 있도록 쉽고 흥미진진하게 풀어 나간다. 정보의 실체와 함께 현대라는 시대, 그리고 인간이라는 존재에 대한 또 다른 이해의 틀을 제시하는 책이다.

"막 태어난 아기의 첫 울음에서부터, 역사적으로 따지자면 불 주위에 모인 동굴거주자들의 잡담에서부터 위성을 통해 전송되는 이메일 메시지까지, 정보를 향한 욕구는 식욕이나 성욕과 마찬가지로 인간의 근본적인 조건이다." — 책 속에서

『과학의 새로운 언어, 정보』
한스 크리스천 폰 베이어 지음
전대호 옮김
승산, 2007

길 들 여 진 동 물 을 위 한 철 학

개와 고양이의 윤리학

최훈 지음

The Ethics of Dogs and Cats:
A Philosophy for Domesticated Animals

사월의책

『개와 고양이의 윤리학』
최훈 지음
사월의책, 2025

개와 고양이, 그들은 누구인가:

우리와 가장 가까운 동물을 대하는 사랑과 지배의 윤리학

엄성우

요즘 거리에는 아이 대신 강아지가 탄 '개모차'가 낯설지 않다. SNS는 고양이를 키우는 '집사'들이 올린 사진과 영상으로 가득하다. 이제 우리나라 반려동물 양육 인구는 1,500만 명을 넘어섰고 그중에서도 개와 고양이의 존재감은 압도적이다. 하지만 인간은 과연 이들을 윤리적으로 대하고 있는가? 우리는 그들을 거실 한복판을 차지한 '가족'으로 여기면서도 여전히 통제하고 지배한다. 친절하게 산책을 시켜 주고 자비롭게 씻겨 주어도 그 모든 것은 결국 주인인 인간의 선택이다. 사랑과 지배의 경계에 선 이 존재들을 어떻게 대해야 할까? 개는 우리의 친구인 동시에 식재료가 될 수 있는가? '집사'들은 정말로 고양이의 자유를 지켜 주고 있는가?

 『개와 고양이의 윤리학』(2025)은 이러한 질문들에 철학적으로 답하려는 특별한 시도이다. 저자 최훈은 이미 『동물을 위한 윤리학』(2015), 『동물 윤리 대논쟁』(2019) 등의 저작을 통해 한국 사회의 동물 윤리 담론을 최전선에서 개척해 온 대표적인 학자다. 하지만 이번 책은 기존의 저작과 차별화된다. 동물 일반이 아니라 우리가 가장 아끼고 사랑하는 동물인 개와 고양이를 특정해 주인공으로 삼았기 때문이다. 동물도 다 같은 동물이 아니다. 어떤 종류의 동물인지, 우리와 어떤 관계를 맺고 있는지에 따라 다른 규범이 적용될 수 있다. 그런 점에서 우리에게 가장 친숙한 이 두 종을 통해 길들여진 동물의 윤리를 철학적으로 성찰하는 이 책은 새롭고 도발적이며, 무엇보다 시의적절하다.

'반려동물'인가 '애완동물'인가: 바른 명명이 던지는 철학적 질문

이 책의 1부는 '반려동물이 존재하는 것 자체가 윤리적으로 옳은가'라는 근본적인 질문을 던지면서 시작한다. 야생동물이나 실험동물과 달리 반려동물은 인간과의 밀접한 공존 속에서 독특한 윤리적 지위를 갖는다. 이 책은 그들의 복잡한 존재론적 역사와 우리와의 관계를 철학적으로 해명하며 반려동물이 지닌 근본적인 의존성과 취약성을 파헤침으로써 우리가 이들을 자식처럼 또는 친구처럼 대한다고 여기는 착각을 적나라하게 드러낸다. 잘 먹이고, 귀여워하고, 산책을 시켜 주는 것만으로는 충분하지 않다. 반려동물은 과연 장난감인지 자식인지 반려자인지, 그 적절한 지위를 파악하기 위해 저자는 각각 장난감 모형, 피보호자 모형, 반려 모형의 세 가지 틀로 나누어서 살펴본다.

　　우선 저자는 이들을 장난감으로 보는 모형은 동물이 가진 도덕적 지위와 양립 불가능하다는 근거로 파기한다. 이어서 어린 시절에만 의존하는 아이와 달리 이들은 평생 의존한다는 근본적인 의존성과 취약성의 문제 때문에 피보호자 모형 역시 거부한다. 나아가 '반려동물'이라는 이름부터 비판하면서 반려 모형 역시 적절하지 않다고 주장한다. 이 표현이 반려인의 지향점을 보여 주기는 하지만 그들을 대등한 지위로 대하거나 평생 함께 살지는 않기 때문에 현실을 제대로 반영한 표현이라고 보기 어렵다는 것이다. 그

농림축산식품부의 2024 동물복지 국민의식조사에 따르면 2024년 대한민국 반려동물 양육 가구 비중은 28.6퍼센트로 추정되었으며, 이 중 반려견이 499만 마리, 반려묘가 277만 마리로 추정되었다.(출처: Unsplash)

는 "애완동물은 반려자도 동무도 아니다"(79쪽)라고 선언하며 오히려 예전에 사용하던 '애완동물'이라는 이름이 더 적절하다고 주장한다.

　하지만 반려라는 개념 자체에 완벽하게 동등한 관계에 있다거나 평생을 함께 살아야 한다는 의미가 함축된 것 같지는 않다. 그런 점에서 '반려동물'이라는 표현이 우리가 기르는 동물을 지칭하는 이름으로서 저자의 주장만큼 부적절한지는 의문이다. 저자는 대안으로 제시하는 '애완동물'이라는 이름에 대해 '완'이라는 표현도 '구'가 아닌 '애'와 결합했을 때는 반드시 희롱의 부정적 의미가 생기는 건 아니라고 해명한다. 하지만 이런 해석이 가능하다면 '반려' 역시 '동물'과 결합했을 때는 반려자에게서 기대되는 대등함이 충족되지 않더라도 나름의 적절한 의미를 지닐 수 있는 건 아닐까? 그런 점에서 명칭의 적절성 문제는 더 생각해 볼 여지가 있다. (그래서 일단 이 글에서는 관행에 따라 '반려동물'이라는 명칭을 사용한다.)

그러나 정말 중요한 것은 명칭 자체가 아니다. 저자의 '애완동물 정명설'에 대한 동의 여부와 상관없이 우리는 이미 그가 초대하는 철학적 사유에 자연스럽게 빠져들게 된다. 적절한 명칭에 대해 고민하다 보면 자연스럽게 그들은 어떤 존재인가, 우리는 그들과 어떤 관계를 맺고 있는가, 어떤 태도로 그들을 대해야 하는가라는 본질적 물음으로 나아갈 수 있기 때문이다. 이러한 점에서 저자가 책의 초입에서 널리 통용되는 '반려동물'이라는 표현 자체에 문제를 제기하고 이를 분석하는 전략은 독자로 하여금 인간과 동물 간의 윤리적 관계에 대한 깊은 성찰로 이끌어 주는 효과적인 철학적 초대가 된다. "말은 현실을 덮을 수 없다"(82쪽)는 저자의 말은 명칭 논쟁의 중요성과 명칭 자체의 사소함을 한 마디로 압축해 보여 준다. '반려동물'이라는 이름이 실제로는 그들을 반려자로도 동무로도 대하지 않는 현실을 바꾸는 건 아니라는 것이다.

고양이와 개의 눈으로 본 인간의 동물 윤리

이어지는 2부와 3부의 제목은 각각 "고양이의 시각에서 애완동물 바라보기"와 "개의 시각에서 애완동물 바라보기"이다. 장의 제목에서부터 이들을 단순히 수동적 윤리적 고려 대상으로 보지 않고 그 삶의 입장에서 인간의 윤리를 고찰하는 태도를 드러내고 있다. 그런 만큼 인간이 개와 고양이를 어떻게 인식하고 다루는지뿐만 아니라 그들이 어떤 존재로 생겨났는지에 대한 질문도 함께 던진다. 예컨대 개는 왜 인간에게 복종하는 존재로 길들여졌으며, 고양이는 왜 여전히 불가해한 타자처럼 느껴지는가? 이런 차이는 단지 종의 기질에서 비롯된 것이 아니라 인간이 종마다 요구한 역할과 특성의 차이에 뿌리를 두고 있다. 저자는 우리 곁에 있는 개와 고양이는 우리로 인해 지금의 모습이 되었다고 말한다. 이는 인간 중심적 시선을 해체하려는 철학적 시도의 일부이다.

　　또한 고양이도 생존을 위해 다른 생명을 포식해야 한다는 생태적 사실을 간과하지 않고 윤리적 논의의 핵심으로 끌어들이는 점은 이 책의 균형 감각을 잘 보여 준다. 저자는 고양이의 윤리를 말할 때 포식당하는 새의 입장에서도 사유해야 한다고 주장하며, 특정 동물에 대한 감정적 친숙함이 객관적 윤리 판단을 흐릴 수 있다는 점을 날카롭게 지적한다. 이와 관련해 '캣맘'으로 상징되는 고양이 중심적 시각이 실제로는 귀여움과 정서적 친밀감에 기반한 편향된 태도임을 지적하며 저자는 우리가 일상에서 보이는 동물에 대한 이중적 태도 속에 드러나는 종 차별주의(speciesism)를 보여 준다. 이러한 분석은 독자 스스로의 정서적 반응을 되돌아보게 하며, 감정과 윤리 사이의 균형을 새롭게 사유할 기회를 제공한다.

　　이어지는 3부에서는 개의 시각에서 논의를 전개한다. 그런데 9장 "동물은 물건이 아니다: 그 철학적 의미"는 구성적 측면에서 다소 결이 다른 장으로 읽힌다. 한국 민법에 '동물은 물건이 아니다'라는 조항이 신설되는 법적 사건을 철학적으로 해석한 이 장은 독립적인 글로 보았을 때는 충분히 의미 있고 시의적절하다. 그러나 이 책의 차별점이 '개와 고양이'라는 구체적이고 친숙한 동물을 중심에 두고 철학적 사유를 이끌어 내는 데 있음을 고려하면 동물 일반에 대한 이론적 고찰을 다룬 이 장은 전체 기획의 흐름과는 어울리지 않는다. 그로 인해 책의 구조적 통일성과 주제적 집중도가 일부 약화되어 작은 아쉬움을 남긴다.

반면 10장과 11장에서 개 식용 문제를 다루는 방식은 이 책의 가장 돋보이는 부분 중 하나다. 단순한 동물 식용 일반의 문제가 아니라 세계적으로도 윤리적 쟁점이 되는 '개' 식용을 별도로 떼어내 깊이 있게 조명한다는 점에서 그렇다. 개가 인간의 친구라면서 그 식용은 정당화될 수 있는가? 다문화주의의 관점에서 개 식용과 다른 동물 식용을 구분할 수 있는가? 이러한 질문들은 특히 한국 사회에서 외면하기 어려운 윤리적 쟁점이며 이를 정면으로 다루는 이 책의 논의는 적절하고 중요하다. '친구는 먹어서는 안 되는가?'라는 충격적인 질문은 그 자체로 독자의 마음을 뒤흔들며, '반려동물'이라는 이름으로 애정을 쏟는 동시에 식용으로 삼는 이중적 태도에 경종을 울린다. 또한 개 식용을 타 문화권에서 전통적으로 고통을 가하는 방식으로 도축하는 관행과 비교하는 대목은 식용의 윤리를 단지 문화 상대주의의 틀로만 다루지 않으려는 저자의 신중함과 윤리적 분별력을 잘 보여 준다.

철학적 사유와 현실을 잇는 동물 윤리의 이정표

반려동물 가구의 급증과 도심 속 경계동물인 길고양이의 증가가 교차하는 오늘날, 동물들을 둘러싼 윤리적 성찰은 더 이상 미룰 수 없는 과제가 되었다. 그런 시점에 한국에서 동물 윤리 담론을 선도해 온 저자의 지속적이고도 집중적인 철학적 개입은 같은 시대를 사는 윤리학자로서 든든함과 고마움마저 느끼게 한다. 특히 이 책은 개와 고양이라는 가장 친숙한 동물들을 중심에 놓음으로써 일상적 존재와 철학적 논의 사이의 간극을 자연스럽게 메워 낸다. 영미 분석철학계에서 널리 알려진 사유의 틀을 동물 윤리 문제에 능숙하게 적용하는 저자의 철학적 역량도 이 책의 이론적 기반을 단단하게 뒷받침한다. 예컨대 로버트 노직(Robert Nozick)의 경험 기계 사고실험은 원하는 주관적 경험을 모두 겪게 해주는 기계가 있다고 하더라도 실제가 아니기에 대부분 그 기계에 연결하고 싶어 하지 않을 것이라고 말한다. 저자는 이를 고양이의 경우에 적용해 그들이 실내에서 길러지기를 원하지 않으리라는 주장을 지지한다. 또한 데릭 파핏(Derek Parfit)의 비동일성 문제는 우리의 환경 파괴가 미래 세대에게 피해를 주지만 동시에 그들의 존재 자체를 가능하게 하기에 미래 세대에 대해 끼칠 해악에 근거해 환경 파괴에 대한 도덕적 평가를 하는 데 어려움이 있음을 보여 준다. 저자는 이 문제를 개의 경우에 적용해 선택적 교배나 인위적 번식은 비윤리적이라는 결론을 도출한다. 철학 내부의 자원을 적절히 끌어와 동물 윤리라는 응용 분야의 논의를 정밀하게 정초하려는 이러한 시도는 이 책이 단지 동물에 대한 도덕적 감수성을 호소하는 데 그치지 않고 철학적 설득력과 논증의 힘을 겸비하고 있음을 보여 준다.

　이 책의 또 다른 미덕은 철학적으로 균형 잡힌 논변을 통해 이론을 전개하면서도 결코 상아탑의 추상에 머무르지 않는다는 점이다. 저자는 한국 사회의 동물 관련 현실을 보여 주는 통계 자료를 적극적으로 인용하고 한국의 동물 관련 실태를 타국의 사례들과 비교 분석함으로써, 바로 '지금 여기'에서 우리가 개와 고양이를 더 윤리적으로 대하기 위해 무엇을 고민하고 실천해야 하는지를 구체적으로 짚어 낸다. 또한 개와 고양이를 비롯한 다양한 동물들의 생물학적 특성과 교배·길들이기에 얽힌 역사적 맥락을 함께 제시해 자칫 추상으로 흐를 수 있는 논의를 삶의 질감 속에 붙들어 둔다. 유기동물의 현실, 특정 품종 선호가 불러오는 선택적 교배의 문제, 중성화 수술의 윤리적 조건 등은 철학적 성찰이 삶의 구체적 조건에서 출발해야 한다는 점을 잘 보여 준다.

결국 이 책은 철학자의 저작이지만 동물을 올바르게 사랑하고자 하는 모든 이가 읽어야 할 안내서이기도 하다. 윤리적 사유와 정책적 상상력이 함께 요청되는 시대에 이 책은 윤리학자뿐 아니라 입법자, 교육자, 시민 모두에게 의미 있는 실천적 지침을 제공하는 안내서이다. 이 책은 단순히 동물을 위한 윤리를 말하는 데 그치지 않고 인간 스스로를 성찰하게 하는 철학적 거울이다. 반려동물을 키우는 사람이라면 이 책을 통해 자신이 쏟는 애정이 과연 윤리적으로 적절한지 되돌아보고 인간-동물 관계의 구조적 불균형에 주목해 그 관계를 새롭게 구성하는 데 필요한 철학적 상상력을 얻을 수 있을 것이다. 나아가 이 책은 단지 동물의 권리를 말하는 것이 아니라 인간이 인간다움을 어떻게 바로 세울 수 있는지를 묻는다. 그런 의미에서 『개와 고양이의 윤리학』은 앞으로 동물 윤리가 나아가야 할 방향을 분명하게 제시하는 탁월하고 의미 있는 이정표가 되어 줄 것이다. 서리북

엄성우

서울대학교 윤리교육과 부교수. 연구 분야는 윤리학과 응용윤리이며 주로 겸손, 효, 정직 등 좋은 삶에 필요한 덕목과 인간관계에 대해 연구하고 있다. 제15회 세계생명윤리학대회 최우수논문상 등을 수상했고, 저서로 『어떻게 어른이 되는가』(2025) 등이 있다.

📖 동물 윤리 분야의 전문 철학자인 수 도널드슨과
정치철학의 세계적 권위자 윌 킴리카가 함께 집필한
『주폴리스』는 비록 동물들의 세계에 인간과 같은 정치 체계가
존재하지는 않더라도 정치 이론의 틀을 통해 동물권을
어떻게 사유할 수 있는지를 탁월하게 보여 준다. 최훈도 자주
인용하는 이 책은 동물을 단순한 보호 대상이 아닌 정당한
정치적 고려와 권리를 요구할 수 있는 주체로 조망하며
인간과 더불어 살아가야 할 존재로서의 윤리적·정치적
지위를 재정립한다.

"시민, 주민, 외국인, 주권자와 같은 시민권 이론의 익숙한
범주에 비추어 인간-동물 관계를 생각하는 것은 특정
동물마다 우리에게 요구하는 고유한 권리와 우리가
동물에게 행하는 특정한 부정의의 유형을 모두 밝히는 데
도움이 될 것이다." — 책 속에서

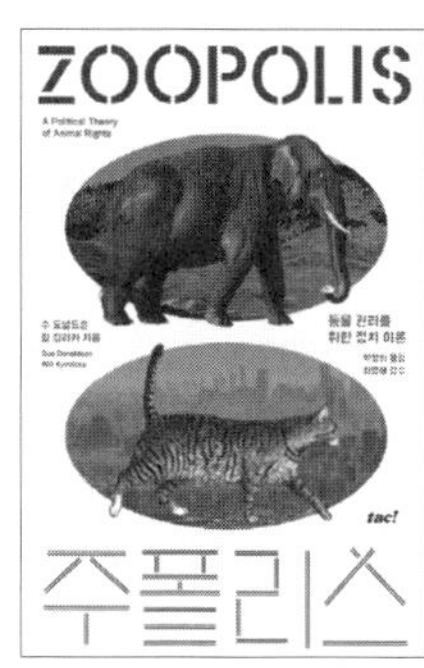

『주폴리스』
수 도널드슨·윌 킴리카 지음
박창희 옮김, 최명애 감수
프레스탁, 2024

📖『개와 고양이의 윤리학』의 저자인 최훈이 쓴 동물 윤리에
대한 또 다른 저작이다. 동물의 도덕적 지위, 동물 실험,
동물원의 존재 이유 등 포괄적 주제들에 대해 다룬 이 책을
읽으면 개와 고양이라는 특정한 종에 관한 윤리를 보다
폭넓은 관점에서 이해할 수 있을 것이다.

"인간이 평등하다는 점을 명시적으로 부정하는 사람은
없다. 그리고 모든 생명은 평등하다고 말하는 사람들도
많다. 그러나 막상 그 평등의 근거가 무엇인지 물으면
분명히 대답하지 못한다. 나는 평등의 원칙이 무엇인지
파헤쳐서 인간과 동물이 평등하다는 것이 무슨 뜻인지,
그리고 평등하다면 모든 권리를 동등하게 갖는지 아니면
어떤 점에서 동등한 권리를 갖는지 명쾌히 밝혀 보고자 했다.
동물이 도덕적 지위를 갖는다고 결론이 나더라도 그 도덕적
지위의 내용은 인간의 그것과 다름이 드러날 것이다."
— 책 속에서

『동물 윤리 대논쟁』
최훈 지음
사월의책, 2019

『법은 어떻게 생각하는가』
워드 판즈워스 지음, 노보경 옮김
글항아리, 2025

법은 어떻게 생각하고
사람들은 어떻게 반응하는가

유정훈

법적 사고 도구 모음집

출판사의 책 소개 중 "미국 로스쿨 필독서"라는 문구를 보는 순간 '한국 로스쿨 학생들은 변호사시험 준비하느라 소위 수험 적합성은 전혀 없는 이런 책에 대해서는 관심도 없을 텐데'라는 생각이 들었다. 물론 한국이든 미국이든 로스쿨 학생이 읽으면 좋을 책이지만, 이 책이 예정한 독자는 로스쿨 학생이나 법률가에 한정되지 않는다. 저자는 "전문가든 아마추어든 법에 관심 있는 모든 이를 위해 쓰인 것"(8-9쪽)이라고 한다.

『법은 어떻게 생각하는가』는 법적 분쟁이 어떤 기준에 따라 해결되는지, 법률가들이 어떤 방식으로 법적 추론을 하는지 다루지만, 그에 관해 일관된 방법론을 제시하지는 않는다. 가령 '법 해석은 엄격하게 법률 문언에 따라야 한다'는 문언주의 식의 원리를 선언하지 않는다. 이 책이 제시하는 법적 사고의 도구들이 모든 법 분야를 망라하는 것도 아니다. 여러 법 분야에 활용할 수 있는 범용성을 가지지 않은 도구, 대표적으로 미국 헌법 해석 이론은 논의에서 제외되었다.(9쪽) '처음 무는 개(one-bite rule)' 법리* 같은 흥미로운 사례를 통해 언뜻 보면 이해되지 않는 법리가 어떤 생각에서 출발했고 어떤 측면에서 일리가 있는지 다루지만(33-35쪽, 57-58쪽), 그렇다고 법률가들 사이에서 은밀하게 통용되는 궁극의 원리를 폭로하는 책은 아니다.

이 책은 법률가들이 법적 문제를 분석하고 해결하기 위해 쓰는 유용한 사고 도구들을 설명하는 모음집이다. "법적 사고에 필요한 도구들을 모아놓은 것"으로 "법 체제에 관심 있는 각계각층 사람들이 유익하게 활용할 수 있는 일종의 안내서"(6쪽)라는 머리말의 설명, '법에 관해 사고하는 도구 모음(A Toolkit for Thinking about the Law)'이라는 영문 원제가 그 성격을 명확히 드러낸다.

『법은 어떻게 생각하는가』는 저자가 법적 사고 도구 중에서 선별한 31가지 주제에 관해 주제별로 10-20쪽 정도로 개관하는 입문서이고, 깊이 있는 분석을 담거나 최신의 연구 성과까지 좇아가지는 않는다. 바로 아래에서 다시 얘기하겠지만 경제적 분석에 기반한 이 책을 경제학자가 읽으면 거의 모든 페이지마다 누락된 내용이나 더 좋은 설명 방식, 좀 더 최신의 연구 성과를 떠올리느라 책 읽기를 마치지 못할 수도 있다. 하지만 저자가 제시하는 설명이나 사례는 법적 사고 도구 모음집이라는 목적에 정확하게 부합하고 그 점을 염두에 두고 읽으면 충분한 책이다.

법의 경제적 분석

저자가 소개하는 법적 사고 도구들은 대체로 법경제학(law and

---

* 개 주인도 자기 개가 다른 사람을 무는 개인지 아닌지 모르기 때문에, 자신의 개가 무는 개라는 것을 모른 상태에서 처음으로 다른 사람을 문 것에 대해서는 책임을 지지 않는다는 법리이다.

이 책은 20면체 주사위처럼 다양한 법적 사고의 도구들을 소개한다.(출처: Unsplash)

economics), 법의 경제적 분석(economic analysis of law)이라는 학문적 논의에 기초한다. 법원 판결이 사람의 선택과 행동에 어떤 영향을 미치는지에 관한 1부(유인), 죄수의 딜레마처럼 복수의 행위자들 사이에서 발생하는 현상을 다루는 2부(신뢰, 협력 그리고 복수의 행위자들을 위한 기타 문제들)에는 효율성, 한계적 사고, 단독 소유자, 최소비용 회피자, 지대, 대리인-본인 문제, 죄수의 딜레마, 공공재, 투표의 역설 등 친숙한 경제학의 도구들이 등장하고 이런 도구들이 법적 사고에 어떻게 적용되는지 다양한 사례를 들어 설명한다. 법원이 판결을 하는 기준의 문제를 다루는 3부(법학),* 특히 재산권 규칙과 책임 규칙에 대해 설명하는 내용 역시 마찬가지다.

---

* 3부의 영문 원제 'Jurisprudence'를 '법학'으로 번역한 것은 오해를 불러올 수 있다. 'Jurisprudence'는 일반적으로 그리고 이 책 3부의 맥락에서도 어떤 법 체계가 가진 철학이나 가치 그리고 그것이 현실에서 구현되는 실무의 총체를 의미한다고 이해하면 적절하다.

어떤 독자에게는 생소할 수 있지만, 법경제학은 법 현상의 이해를 위해 무시할 수 없는 사고 도구다. 독점규제법이나 자본시장법의 경우 경제적 분석과 분리할 수 없다. '독점'이라는 현상 자체가 시장경제의 경쟁과 효율에 관한 것이고, 자본시장 규제 역시 많은 경우 자본시장을 왜곡하는 시장 참여자의 행태를 대상으로 하기 때문이다. 하지만 법경제학의 분석 대상은 이런 영역이나 계약, 불법 행위처럼 사적 재산 관계를 다루는 법에 그치지 않고, 경제적 분석과는 멀어 보이는 범죄와 형벌, 이혼이나 가족법의 영역까지 넘나든다. 거래비용의 중요성을 규명한 로널드 코즈(Ronald Coase)와, 범죄, 가족 구성처럼 경제학 연구의 전통적 대상이 아닌 현상에 대한 경제적 분석을 시도한 게리 베커(Gary Becker)가 1991년과 1992년에 연이어 노벨 경제학상을 수상했다는 점은 이 연구 분야의 위상을 보여 준다.

법의 경제적 분석에 기초한 이 책은 일관되게 법, 판결, 법적 구성과 논리가 사람들의 사고에 어떤 유인으로 작용하고 사람들의 행동에 어떤 변화를 가져오는지 분석한다. 아래 서술이 이 책이 법에 접근하는 방식을 요약해 보여 준다.

> "이 책은 논쟁을 해결하는 데는 관심이 없다. 효율성에 입각한 주장이 어떤 것인지, 그리고 판사가 자신의 임무로 여기지 않을 때조차 판결에서 효율성을 추구한다고 보는 이유가 무엇인지 설명하는 게 이 책의 목표다. 법의 가치 중 하나는, 그것이 선도적인 것이든 아니든 문제 해결을 위해 가장 효율적인 방법을 찾아낸 다음 사람들이 그것을 사용하도록 유인을 제공하는 것이다."(41쪽)

한계적 사고의 가치

이 책의 가장 큰 가치는 경제학 논리에 기반한 '한계적 사고'를 명확하고 집요하게 설명한다는 점에 있다. 경제학 개론 첫 부분에서 '한계효용'을 배우는 데서 알 수 있는 것처럼, 한계적 사고는 경제학적 사고의 기초다. 한계적 사고는 어떤 행위나 행위자 집단의 전체 또는 평균이 아니라 가장자리(한계, margin)에 해당하는 행위 또는 행위자에 집중하는 분석 방식을 말한다.(51쪽) 예컨대 자동차세를 인상하면 자동차 판매가 줄어들 것인지라는 질문에 대해, 모든 사람 혹은 평균적인 사람이 아니라 '한계적' 구매자 즉 신차 구입 의사가 있지만 확고하지 않은 사람이 어떤 대안을 선택할지, 신차를 사는 대신 기존 자동차를 수리할지 같은 질문을 해보는 것이다.

한계적 사고를 법에 적용하면, 어떤 문제를 '모 아니면 도'라는 식의 사고가 아니라 점진적 방식으로 바라보고 어느 측면에서는 특정한 행위를 줄이고 다른 측면에서는 늘릴 수 있는 선택의 묶음으로 볼 수 있고, 단순히 사람들이 어떤 것을 하거나 하지 않도록 만드는 것이 아니라 대안을 선택하도록 만들고 대체 행위를 유도하게 된다.(52쪽, 56-57쪽)

저자가 설명하는 법의 핵심은 특정 행동을 단순히 허용하거나 금지하는 것이 아니라 사람들이 자신의 행위가 유발하는 대가를 인지하도록 하고 대안을 선택하도록 만드는 점에 있는데, 이런 관점에서 법을 바라보면 좀 더 생산적인 논의가 가능하다.

이 서평을 쓰고 있는 순간에도 우리 사회의 법률문제를 두고 극단의 수사가 오고 간다. 수사권·기소권 분리를 두고 한편에는 검찰권 남용을 그대로 두면 안 된다는 주장이, 다른 편에는 검찰 해체를 골자로 하는 검찰 개혁은 '국가 폭망법'이 될 것이라는 주장이 있다. 상장주식 양도소득세 부과 대주주 기준을 10억 원으로 할지 50억 원으로 할지에 관해서도, 한편에서는 이를 하향 조정하면 코스피 지수 5천은 물 건너가고 투자의 흐름을 부동산에서 주식으로 돌리려는 정책 자체가 좌초할 것이라 하고, 다른 편에서는 그런 문제로 주식 시장이 무너지지 않는다고 단언한다.

하지만 이 책이 제시하는 법적 사고의 흐름을 따라가다 보면 그런 양극단의 주장이 문제 해결에 도움이 되지 않는다는 점에 전보다 쉽게 동의할 수 있을 것이다. 법을 이렇게 바꾸면 사람들에게 주어지는 유인이 어떻게 바뀌고 그러면 사람들의 행동이 이런 방향으로 얼마만큼 달라질 것인지 따져보게 된다면, 수사권을 어느 기관에게 부여할 것인지 같은 문제로 나라가 망한다 안 망한다는 식의 극단으로 치닫지 않을 수 있다.

한계적 사고를 예컨대 대통령 탄핵 사유에 적용할 수 있을까?

이 책이 설명하는 도구들은 사고 실험에 그치지 않고 현실의 법적 문제를 이해하는 데 유용하다. 대표적으로 법원에 의한 법 해석의 여지, 법관의 재량을 들 수 있다. 법은 합의된 원칙인데 왜 법관의 해석이나 재량이 필요한지, 법관에 따라 왜 판단이 달라지는지 의문을 가지는 사람들이 있다. 이 책은 미국 수정헌법 제1조를 예시로 이 문제를 다룬다. "의회는 언론과 출판의 자유를 제한하는 어떠한 법률도 제정할 수 없다"는 수정헌법 제1조의 명확한 문언에도 불구하고, 미국에 표현의 자유를 규제하는 법률은 존재한다.

이 책은 세 가지 측면에서 이 문제를 설명한다. 첫째, 법 규범은 모두 동일한 성격이 아니라 어떤 전제 사실에 바로 특정 법률 효과가 뒤따르는 '규칙(rule)'과 총체적 사실 관계를 파악해서 법률 요건 충족 여부를 판단하는 '기준(standard)'이 있고 후자의 경우 판단 여지가 있을 수밖에 없다.(275쪽) 둘째, 어떤 문제를 점진적 방식

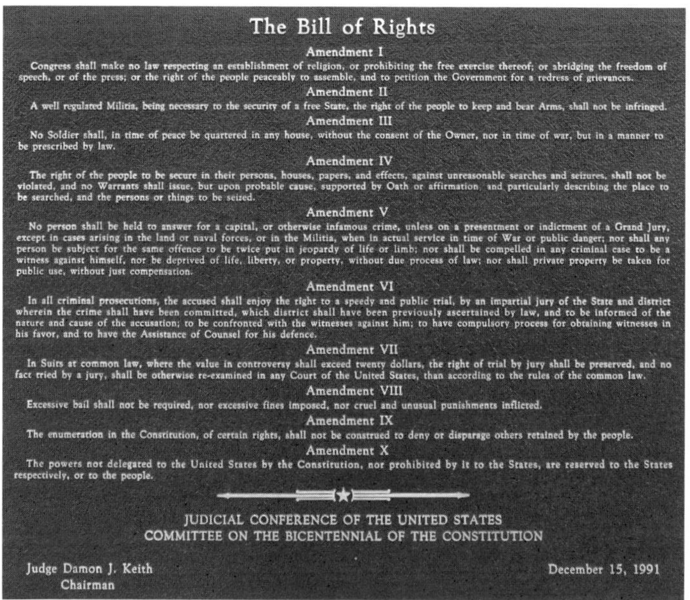

미국 권리장전 명판. 권리장전에는 수정헌법 제1조(종교·언론·출판·집회의 자유)가 포함되어
있다.(출처: 위키피디아)

내지 한계적 사고를 통해 보는 것이 효율적인데, 특히 장기간에 걸
친 광범위한 상황을 다루는 법의 경우 이분법적 접근 방식이 아니
라 한계적 접근 방식이 세상의 변화에 따른 조정이 필요할 때 좀
더 유동적인 공간을 제공한다.(52쪽, 68쪽) 셋째, 법원은 참과 거짓을
직접 선언하는 것이 아니라 어떤 기준을 정해 증거와 주장이 그런
기준을 충족시키는 방식으로 판단하고, 법률의 위헌 여부 역시 직
접적 방식이 아니라 입증 및 판단 기준을 설정하는 심사 방식으로
헌법의 명령을 재확인하는 편을 선호한다.(408-409쪽)

　　이런 사고방식을 한국에서 가장 중대한 헌법재판 사건인 대
통령 탄핵에 관해 적용할 수 있을까? 헌법 제65조는 "직무집행에

있어서 헌법이나 법률을 위배한 때"를 탄핵소추 사유로 규정한다. 그런데 헌법재판소는 탄핵심판 청구가 이유 있는 경우는 "대통령의 파면을 정당화할 수 있을 정도로 중대한 헌법이나 법률 위배가 있는 때를 말한다."*라고 판시해 헌법 조문에 없는 '중대한'이라는 요건을 추가했다.

헌법재판소가 헌법 조문에 쓰여 있지 않은 요건을 추가하는 것이 정당한지 직접 묻는 정치적·철학적 논의도 의미가 있지만, 이 책이 설명하는 사고 도구를 통해서도 충분히 생각을 해볼 수 있다. 중대성 여부를 떠나 모든 '법률 위배'가 탄핵 사유라 가정하고, 대통령이 종합소득세 신고 기간을 하루 놓친 경우와 같은 한계적 사례를 놓고, 대통령, 국회, 헌법재판소, 궁극적으로 주권자인 국민의 판단과 행동은 어떻게 바뀔지 생각해 보는 것이다. 이렇게 하면 헌법재판소가 제시한 '중대성' 요건의 의미와 효과를, 선출되지도 않은 9명의 재판관들이 헌법에 쓰여 있지도 않은 요건을 더했다는 비판으로 바로 달려가기에 앞서, 좀 더 명확하게 이해할 수 있을지 모르겠다.

법에 관해 물어야 할 질문

계엄과 탄핵, 내란죄 재판을 거치면서 '온 국민이 법 공부를 하고 있다'는 말이 농담이 아니게 되었다. 이재명 대통령과 윤석열 전 대통령에 대한 형사재판 과정에서 보인 법원의 행태, 검찰 개혁 논의에 대해서도 사람마다 각자의 의견이 있다 해도 과언이 아니다.

---

* 헌법재판소 2004. 5. 14. 선고 2004헌나1 결정[대통령(노무현) 탄핵], 헌법재판소 2017. 3. 10. 선고 2016헌나1 결정[대통령(박근혜) 탄핵], 헌법재판소 2025. 4. 4. 선고 2024헌나8 결정[대통령(윤석열) 탄핵]에서 판시된, 탄핵 인용·기각 여부를 불문하고 헌법재판소의 일관된 입장이다.

2025년 4월 4일 오전 11시에 헌법재판소는 대심판정에서 '대통령(윤석열) 탄핵심판 사건 (2024헌나8)'에 대해 재판관 전원의 일치된 의견으로 인용 결정을 내렸다.(출처: 헌법재판소)

사법적 판단으로부터 자유로운 사람은 없다는 점에서 법원·검찰 개혁이 민생 문제라는 지적에도 일리는 있다.

　하지만 이를 다루는 우선순위나 방법에는 달리 생각할 여지가 있다. 우리 대부분이 부딪히는 법적 문제는 사실 그런 거시적 문제가 아니다. 집주인이 전세 보증금을 돌려주지 않거나 거래처가 대금을 지급하지 않아 법적 조치를 해야 하는 사례, 누가 내 차를 들이받았는데 합의나 보험 처리가 되지 않은 사례가 더 많을 것이다. 이런 상황에서 내 앞에 있는 법적 선택지는 무엇인지, 법적 절차로 해결할 수 있는 부분과 아닌 부분은 어떻게 구분되는지, 내 사건을 담당하는 법률가는 어떤 사고 구조를 가지고 있는지 아는 것은, 각자의 삶에서 의사결정을 하는 데 필요하다. 이 책은 그런 문제에 관한 완전한 해답을 주지는 않더라도, 한국의 전통적 법 해석과 조금은 다른 이해, 한 걸음 더 들어간 생각을 하게 만들 수 있다.

　　위헌적 비상계엄 선포와 대통령 탄핵을 통과한 시대 분위기 때문인지 법과 정의의 문제를 다룬 책들이 전보다 많이 나오고 주목을 받는 것 같다. 법에 관한 이해를 다룬 여러 책 가운데 이 책을 서평 대상으로 선택한 이유는, 유용한 법적 사고 도구를 알려 주는 책이기도 하고, 이 책에 나오는 한계적 사고를 비롯한 여러 도구들을 더 많이 활용할 필요가 있기 때문이다. 법과 법률가에게 물어야 하는 질문은 반드시 정의와 공정, 법관이나 검사에게 어떤 권한을 주어야 하는지, 왜 어떤 법률가는 불의에 항거하는데 다른 법률가는 사적 이익을 위해 법을 왜곡하는지, 이런 것만은 아니다. 법을 만드는 국회, 법을 집행하는 정부, 법을 해석 및 적용하는 법원의 행태에 어떤 요소가 구체적으로 작용하는지, 법과 제도가 바뀔 때 그에 따라 사람들의 유인과 행동은 어떻게 바뀔지 물어야 한다. 그런 면에서 '법은 어떻게 생각하는가'라는 질문과 뗄 수 없고 반드시 따라와야 하는 질문은 '사람들은 어떻게 반응하는가'이다. 그 부분을 정확하게 짚은 이 책은 법과 법률가에 대한 좋은 사용 설명서 역할을 한다. 서리북

유정훈

본지 편집위원. 변호사. 《경향신문》에 매달 '정동칼럼'을 기고하고, 온라인 매체 《피렌체의 식탁》에는 주로 미국 정치와 연방대법원 사건을 소재로 글을 쓰고 있다.

📖 『법은 어떻게 생각하는가』에서 법의 경제적 분석을 다룬 저자가 이 책에서는 인간의 고통과 그 본성에 대한 스토아주의 철학자들의 글과 말을 모아 해설을 붙였다. 관점은 서로 다르지만, 스토아 철학의 사고방식을 통해 세상의 사건에 대한 자신의 판단과 견해에 반응하는 사람들의 본성을 다루는 점에서, 규칙과 판결이 주는 유인에 대한 사람들의 반응을 다루는 분석과 일맥상통한다.

"스토아철학은 욕망과 두려움, 인식을 더 구체적으로 분석합니다. 그것은 대체로 인간의 본성을 정확하게 보고 그 안에 있는 불합리성을 알아채는 일과 연결되지요. (……) 우리 마음이 어떻게 작동하는지에 대해 더 잘, 더 열심히 생각한다면 알아차리기 힘든 여러 광기에서 해방될 수 있습니다." ― 책 속에서

『해법 철학』
워드 판즈워스 지음
강경이 옮김
윌북, 2024

📖 고전경제학이 상정하는 인간형 즉 인간을 합리적으로 자기 이익만을 추구하는 존재로 보는 관점으로 설명되지 않는 이타적·친사회적 행동, 그리고 법을 이용해 이를 유도하고 장려하는 것에 대한 논의를 담았다. 『법은 어떻게 생각하는가』와 확실히 다르지만, 서로를 배제한다기보다 인간과 세상의 다양한 면을 담은 책으로 읽어볼 수 있다.

"이 책이 전하려는 메시지는 호모 에코노미쿠스 모델이 사람들에게 가르쳐야 할 인간 행동의 유일한 모델이 아니라는 것이다. 비슷한 맥락에서 물질적 유인책 역시 우리가 행동 변화에 이용해야 하는 유일한 도구가 아니다. (……) 이제는 양심을 우리의 경제적, 사회적, 그리고 정치적 삶에 반드시 필요한 막강한 힘으로 진지하게 받아들여야 할 때가 왔다." ― 책 속에서

『양심은 힘이 없다는 착각』
린 스타우트 지음
왕수민 옮김
원더박스, 2023

『다른 과학은 가능하다, '느린 과학' 선언』
이자벨 스탱게르스 지음, 김연화·장하원 옮김
에디토리얼, 2025

빠른 과학 실천에 대한 숙의:
부분적인 연결들의 생태학으로

전방욱

노벨화학상 수상자 일리야 프리고진(Ilya Prigogine)과 함께 저술한 『혼돈으로부터의 질서』 외에 우리나라에서는 잘 알려지지 않았던 이자벨 스탱게르스(Isabelle Stengers)의 단독 저서가 처음으로 번역 출간되어 반갑다. 스탱게르스는 브뤼셀자유대학교에서 화학을 공부한 후, 알프레드 노스 화이트헤드(Alfred North Whitehead)와 질 들뢰즈(Gilles Deleuze)·펠릭스 가타리(Felix Guattari)의 영향을 받아 철학으로 전공을 바꾸었으며, 브뤼노 라투르(Bruno Latour)와 학문적으로 깊이 교류했다.

감속의 요구, 느린 과학의 선언

『다른 과학은 가능하다, '느린 과학' 선언』은 2013년 프랑스어판으로 처음 출간되었으며 2018년 개정·영역되었다. 원래 프랑스어 초판은 5장으로 구성된 I부와 윌리엄 제임스가 쓴 '박사학위의 문어(文魚)'라는 글을 프랑스어로 번역한 II부로 이루어졌다. 영어판은 4장 '루드비크 플렉, 토머스 쿤 그리고 과학을 느리게 하는 과제'를 새로 추가하고, 윌리엄 제임스의 논문을 삭제해 과학 수행에 있어서 대학의 역할을 생략하고 지식경제의 문제를 중심으로 논지를 더욱 밀도 있게 전개했다.

달팽이가 그려진 영어판의 표지와 느린 과학(slow science)을 포함하는 부제를 보면, 이 책의 메시지를 단순히 과학의 발전 속도를 늦추자는 주장으로 오해하기 쉽다. '느린 과학'으로 번역된, 원래의 부제 'Manifesto pour un ralentissement des sciences'에서 'un ralentissement'은 '속도를 늦추기', '감속'을 뜻한다. 그러나 relentlessness(가차 없음, 주목함)의 의미도 가지고 있다고 한다. "문제는 이른바 지식경제가 강제하는 지배적 진보 모델의 가차 없음이다."* "빠른 과학은 단순히 속도의 문제가 아니라, 속도를 늦추지 말고 시간을 낭비하지 말라는 명령"(179쪽)이다.

이들 모두는 '감속'이라는 부제가 예고하듯, 과학을 사유하고 과학 연구를 수행하는 방식에 있어 근본적으로 대안적인 관점을 취할 긴급성을 강조한다. 긴급하다는 것은 곧 '지속 불가능한 발전'으로 변질된 진보 개념과 결별하고, 우리를 사회적·생태적 재앙으로 몰아가는 자본주의 논리에서 빠져나와야 한다는 뜻이다.

과학과 대중, 새로운 지적 관계를 위하여

과학을 다르게 사유한다는 것은 무엇보다 먼저 합리성과 의견 사이, 혹은 사실과 가치 사이의 대립 구도를 재고하는 일이다. 이 대립은 일반적으로 자명한 것으로 간주되어 의문시되지 않으며, 그로 인해 과학 지식의 권위는 대중이 그것을 제대로 받아들일 수 없다고 간주하며 배제하는 방식으로 확립된다. 이러한 선입견에 맞

---

* Philip Conway, "Another Science is possible by Isabelle Stengers", *Society and Space*, 2018. https://www. societyandspace. org/articles/another-science-is-possible-by-isabelle-stengers.

서 실제로 스탱게르스는 1장에서 '과학 대중화'나, '대중의 과학 이해'라는 익숙한 개념들과는 정확히 일치하지 않는 "과학에 대한 대중지성"(9쪽)을 제안한다. 이는 과학 지식의 생산을 내부가 아닌 과학 공동체 외부로부터 감식할 수 있는 시민들을 통해 아마추어적인 중간 영역을 형성하려는 것이다. 과학에 대한 대중지성은 다시금 과학자들이 자신들의 자율성과 활동의 특수성을 이유로 여론과 대중을 배제하는 태도를 중단할 경우에 한해 과학자들의 권위를 강화한다. 과학자들은 또한 과학에 대한 새로운 지적 관계를 스스로 형성해야 하며, 과학자들은 감식안을 가진 비과학자들이 제기하는 이의와 논평을 수용할 수 있어야 한다. 이러한 집단은 논쟁이 발생했을 때 유용한 지지 기반이 될 수 있으며, 음모론, '의심의 상인들',* 인터넷상의 과학 불신이 만연한 오늘날의 상황 속에서 더욱 유용하다. 스탱게르스가 제안하는 '함께 망설이기 위한 협의'는 시민들이 수행하는 예방 원칙(precautionary principle)의 구현과도 연결된다.**

과학자의 자질과 젠더, 평가의 정치성

2장에서는 우선 젠더와 과학의 문제를 다룬다. '자질(stuff)'은 어려운 질문들을 제기하려는 유혹에 맞서는 태도를 의미하며 명백하게 체감될 수 있는 것이다. 자질 있는 연구자는 의견을 주관적이고 비합리적인 것으로 간주하며 그것에 대해 경계심을 지닌 인물로 특징지어진다. 바로 이 자질 때문에 그는 자신의 연구가 미치는 파

---

* 경제적 이익을 위해 기업의 하수인이 된 과학자들로, 에릭 M. 콘웨이·나오미 오레스케스 지음, 유강은 옮김, 『의혹을 팝니다』, 미지북스, 2012를 참고하라.

** Hans Jonas, *The imperative of responsibility: In search of an ethics for the technological age*, University of Chicago press, 1984.

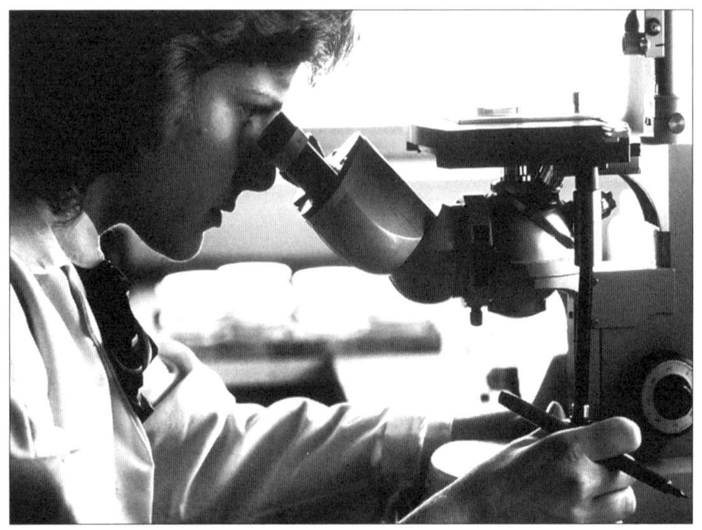

스탱게르스는 연구 경력이 가정에서 지원하는 여성이 있는 남성 연구자를 위해 설계되었다고 말하며, 그러한 경력을 얻기 위해 여성 연구자가 치러야 하는 대가는 훨씬 더 차별적이라고 말한다.(출처: Unsplash)

급력을 질문하지 않고, 이는 곧 대중과의 관계를 다시 생각하는 일이기도 하다. 또한 이 자질은 과학자들로 하여금 자신들이 정당하지 않다고 여기는 질문들을 배제하게 한다. 특히 '연구자의 자질' 개념이 젠더화되는 구성 방식을 비판한다. 예를 들어 "가족을 책임지는 여성에 대해서는, 그가 그러한 책임을 선택했다는 사실 자체가 그가 진정한 연구자의 '자질'을 갖추지 못했음을 보여주는 것이라고"(48-49쪽) 간주된다. 이러한 자질은 실제 연구 수행 능력과 무관하며, 암묵적으로 남성 중심의 기준을 따른 에토스를 만들어 낸다. 하지만 이 에토스는 '과학적 정신'의 동의어로 제시되며, '사실에 기반한' 탁월성으로 이어진다. 여기서 말하는 사실은 곧 '객관성'의 근거가 된다.

　그러나 스탱게르스에 따르면, 모든 질문을 결정 가능한 것으로 만들어 준다고 여겨지는 '사실의 판결'과 '증거의 권위'는 일종의 기만이다. 이 기만은 특히 "객관적으로 측정 가능한 데이터로 어떤 상황이나 선택을 평가하고 결정하도록 정의하는 과제"(59쪽) 이외의 질문들을 배제하는 방식 위에 성립한다. '연구자의 자질'이라는 것은 마치 깨우면 안 되는 몽유병자와 같은 것이며, 이는 비과학적이라고 여겨져 배제된 '중대한 질문들'을 묵살하도록 강제한다. "몽유병자를 깨우면 연구자는 죽는다."(64쪽)

　스탱게르스는 이러한 학문적 동원 상태의 반응들에 맞서 "동원 해제의 가능성"을 요청한다. 동원 해제란, 연구자들이 자신의 연구 분야와 학문적 영역을 넘어서는 중요한 질문들을 거부하지 못하도록 하며, 과학자 자신을 특정한 상황에 두는 가능성을 뜻한다. 이 가능성을 실현하는 한 가지 방식은 연구자와 시민을 연결하는 '시민 배심원단'과 같은 장치를 개발하는 것이다. 이러한 장치는 과학적 지식이 생산되는 과정에서 생성되는 무지를 드러내고, 과학적 제안의 신뢰성을 시험해 볼 수 있게 한다.

　3장에서는 실험과학의 모델이 지배하고 있는 현실을 잘 보여 주는 동료 평가 시스템을 다루고 있다. 이 평가는 '시장에 의한 것'처럼 보이지만, 실제로는 경제적 거래의 개념으로는 정의될 수 없는 곳에 도입된 일종의 '유사 시장 법칙'에 의해 작동하며, 공급과 수요라는 허구를 실체처럼 만들어 낸다. '탁월성'을 위한 경쟁, A급 저널이 요구하는 형식의 정렬, 연구자의 활동에 의미를 부여하는 요소들과 상충하는 기준에 대한 복종, 그리고 결국 특정 분야 전문가들의 확인 작업에 지나지 않는 '유능한 동료들(동료 평가자)에 의한 평가' 등 이 모든 방식들은 '빠른 과학들에 의해, 그리고 그것들을 위해 고안된' 신속한 평가 시스템에 속한다.(86쪽) 이

오리-토끼 텍스트. 스탱게르스는 시각적 착시를 일으키는 이 그림처럼 토머스 쿤의 텍스트가 깊은 모호성을 가지고 있다고 말한다.(출처: 에디토리얼 제공)

는 본래 실험과학을 중심으로 한 것으로, 세계를 주어진 것으로 간주하고 지식을 축적해 나가는 모델에 기반해 있다. 이러한 모델로부터 벗어나기 위해 스탱게르스는 과학의 다원성과 평가 방식의 다양성을 요청한다. 그녀는 특히 사회과학을 언급하며, 이 분야에서는 연구 대상이 단순히 '증명의 대상'으로 간주되어서는 안 된다고 주장한다. 이는 대비를 창출하는 데 필요한 조건이다. "과학을 '느리게 만드는 것' 자체가 과학들 사이의 대비를 어떻게 창조할지의 문제에 대한 해답은 아니지만, 그러한 해답을 위한 필수 조건이다."(111쪽) 여기서 느리게 만드는 것은 과학자들의 교육 방식과 그들의 연구 실천이라는 문제를 제거할 뿐만 아니라, 더 나아가 '공생의 문화'를 전제한다. "여기서 각 존재는 이질적인 방식으로 자신의 세계를 중요하게 만들고, 자신의 방식으로 그로부터 이익을 얻거나 그에 가치를 부여한다.”(118쪽) 즉, 우리에게 진정으로 중요한 것의 이름으로, 과학의 '속도를 늦추기'는 과학자들로 하여금 성찰적 노력을 기울이도록 요청하며, “회복하고 치유하고 우리가 단절되었던 것과 다시 연결될 수 있는 능력을 갖게 되는”(129쪽) '되찾기'를 하도록 촉구한다.

공생, 되찾기, 문명화: 느린 과학의 실천

4장에서 스탱게르스는 오늘날 지식경제가 과학을 동원하는 방식이 협력적이고 집단적인 과학의 역동성을 훼손하고 있다고 지적한다. 특히 '사실'이 다른 집단에 어떤 식으로 중요하게 작용하는지를 사고 집단이 함께 고려해야 한다고 주장한다. 이런 상황에서 “쿤이 핵심적이라 여겼던 연구자 공동체의 자율성이 사라지고 있을 뿐만 아니라, 플렉이 제시한 내부자 집단과 외부자 집단의 구분에도 의문이 제기되고 있다.”(151쪽) 민간 협력체들이 과학 실천에 깊이 개입하면서 사실의 의미는 빠르게 축적되는 반면 제대로 이해되지 않는 상황이 벌어지고 있다.

　이에 대한 저항으로 등장한 '느린 과학 선언문'은 과거 학문 모델이 문제 제기를 억압하며 빠른 축적을 우선한 방식에 대한 반성과 연결된다. 스탱게르스는 느린 과학을 단순한 속도 조절이 아닌, 과학이 형성해 온 산업적, 배타적 관계를 되묻고 새로운 공생적 관계를 모색하는 더 근본적인 실천으로 본다. 이는 과학자들이 자신들의 사고방식이 지닌 특수성과 선택성을 집단적으로 자각하고, 타자의 질문과 이의를 수용하는 문명화의 과정이다.

　문명화된 과학자는 단순한 교양인이 아니라, 혁신의 결과를 함께 평가하고 공적 가치를 형성하는 데 참여할 수 있는 능력을 지닌 존재다. 느린 과학은 결국 과학이 다른 집단들과 새로운 방식으로 연대할 수 있는지를 묻는 민주적 실천의 제안이다.

5장은 책 전체에서 중추적인 역할을 하는 장으로 1-3장에서 논의되었던 주제들이 다시 되풀이된다. 이는 부분적으로 각 장들이 이미 발표되었던 글들을 바탕으로 쓰였기 때문일 것이다. 속도를 늦추는 개념에서 출발한 스탱게르스는 5장에서 지식경제하에서 학계가 파괴되는 야만적인 과정을 목도하며, 느린 과학을 위한 호소를 전개한다. 그녀는 느린 과학은 과거로 돌아가는 것이 아니라 화이트헤드가 1935년에 제시한 대학의 임무인 "합리적 사고와 문명화된 인식 방식이 그 문제에 영향을 미칠 수 있는 한에서 미래를 창조하는 것"(171-172쪽)을 옹호함으로써 자신의 입장을 드러낸다. 그녀는 느린 과학이란 "과학자들이 흔히 혼란스럽다고 여기는 것, 즉 소위 객관적이고 일반적인 범주에서 벗어나는 것들을 다루고 그로부터 배우는 기예를 되찾는 까다로운 작업이라고"(187쪽) 정의한다. "되찾기 작업은 결코 쉽지 않다. 만약 과학 연구를 되찾는 것이 과학을 혼란스러운 세상에 다시 뿌리내리게 한다는 것을 의미한다면, 그것은 이 세상을 있는 그대로 받아들이는 문제에 그치지 않는다. 이에 더해, 세상을 긍정적으로 인식하고, 화이트헤드의 말처럼 '새롭게 발생하는 가치들과의 총체적 상호작용 속에서 개별 사실들을 구체적으로 인식하는 습관'을 육성하고 강화하는 법을 배우는 문제이다."(188쪽) 동원으로부터 합리적 사고를 되찾고 계몽이 필요하다고 여겨지는 타자와 자신을 구분 짓는 유혹으로부터 문명화된 인식 방식을 되찾는 것만으로는 분명히 충분하지 않다. 이는 "부분적인 연결들의 생태학"(196쪽)을 요구한다.

마지막 글에서는, 역설적이게도 긴급함 속에서 느린 과학이 지속 가능한 미래를 가능하게 만드는 유일한 선택지로 명확히 제시된다. '가이아(Gaia)의 침입'은 지구상의 모든 존재들의 미래를 문제 삼고 있으며, 우리의 실천과 제도로는 도저히 해결할 수 없는 질문들을 우리에게 강요하고 있다. 정치생태학과 자본주의 논리 사이의 양립 불가능성은 자본주의로부터의 단절을 요구하며, 이 단절은 무엇보다 과학적 실천을 포함한 우리의 실천들에 대한 문명화의 형태를 띠어야 한다. 우리 스스로, 즉 연구자인 우리가 문명에 대해 질문을 던지고, 실천을 되찾으며, 우리가 만들어 내는 산물의 가치를 새롭게 정의하고 그 결과에 대해 책임을 지며, 스스로 지식을 어떻게 다루고 있는지를 성찰하고, 이해 당사자인 대중의 질문으로부터 더 이상 스스로를 보호하지 않는 것—이러한 일들이야말로 필수적인 코스모폴리틱스적(cosmopolitic) 감속을 가능하게 하는 몇 가지 조건이다.*

　이 책은 그 구성 방식 때문에 독자를 당혹스럽게 만들 수도 있지만, 책에서 제안하는 내용들은 전반적으로 독창적이며, 생각할 거리를 충분히 제공한다. 다만 몇몇 과학사회학 저작들과 마찬가지로, 느린 과학이라는 개념을 실제로 어떻게 구현할 수 있을지에 대해 상상하기 어려울 수도 있다.** 그러나 느린 과학은 빠른 과학에 대응하는 개념으로 이미 여러 번 소개되었다. 나는 한국과학철학회 2019년 정기학술대회에서 「느린 과학이 필요하다: 크리스퍼 유전자가위 기술의 사례」를 발표했고, 프랑수아즈 베이리스

---

* Odile Camus, "Isabelle Stengers, William James, Une autre science est possible! Manifeste pour un ralentissement des sciences(suivi de Le poulpe du doctorat)", *Lectures*, 2018. https://journals.openedition.org/lectures/24090.

** Benjamin Caraco, "Isabelle Stengers, Une autre science est possible! Manifeste pour un ralentissement des sciences", *Lectures*, 2013. https://journals.openedition.org/lectures/10354

(Françoise Baylis)는 2019년 『변형된 유전(*Altered Inheritance*)』에서 인간 배아 편집의 사례에 느린 과학을 대입했고, 홍성욱은 2023년 조선일보에 「슬로 사이언스」라는 기고문을 발표해 인공지능의 개발에 느린 과학이 필요함을 역설한 바 있다.

역서의 번역은 무리 없이 이루어졌고, 역주도 꼼꼼하게 달려 있어서 스탱게르스에 대한 사전 지식이 없는 사람들도 쉽게 읽을 수 있으리라 생각된다. 다만 옮긴이 각주 10(21쪽)에서 밝히고 있듯이 'relevance'를 '연관성'으로 번역했는데, '적절성'으로 번역해야 맞다. 이는 프랑스어 'pertinence'가 영역되는 과정에서 두 가지 뜻이 가능한 'relevance'로 바뀌어 혼동을 주었기 때문으로 생각된다. 스탱게르스는 『과학과 권력(*Sciences et Pouvoirs*)』에서 'pertinence'의 상대 형용사인 'Impertinent'가 '(1) 건방지거나 발칙한, (2) 불모의, 헛된'의 뜻을 가지고 있다는 사실로부터 'pertinence'는 적절성으로 번역해야 한다고 제안했다. 서리북

전방욱
강릉원주대학교 생물학과 교수직을 퇴임 후 신유물론, 그중에서도 이자벨 스탱게르스에 관심을 가지고 공부하고 있다. 수유너머와 신유물론연구회 등에서 스탱게르스의 『코스모폴리틱스(*Cosmopolitics*)』, 『근대과학의 탄생(*The Invention of Modern Science*)』, 『과학과 권력(*Sciences et Pouvoir*)』 등에 대해 발표했다.

📖 이자벨 스탱게르스는 진정한 연구자의 자질을 가지고 있느냐고 묻는 것이 여성을 차별하는 젠더적인 구성임을 지적한다. 이런 문제는 오래전부터 제기되어 왔다.

"감정적인 일과 지성적인 일을 분류할 때, 여성은 개인적인 것, 감정적인 것, 특별한 것을 책임지고 수호하는 사람이었고, 반면에 과학은 비개인적인 것, 이성적인 것, 보편적인 것을 담당하는 탁월한 영역으로 남성들이 독점하였다." — 책 속에서

『과학과 젠더』
이블린 폭스 켈러 지음
민경숙·이현주 옮김
동문선, 1996

📖 이자벨 스탱게르스는 논쟁적인 과학 연구의 경우 다양한 연결망들을 살펴 가며 연구하는 것이 바람직하다고 주장하며, 전문가 이외에 아마추어 과학 감식가의 양성도 중요하다고 본다. 그러나 전문가의 역할이 여전히 중요하다는 주장도 팽배해 있어 이 문제는 곱씹어 볼 필요가 있다.

"민주 사회의 정책 결정은 전문가, 비전문가를 가릴 것 없이 관계자들이 공평한 의사결정권을 가지고 참여하는 것이 유일한 대안인가?" — 책 속에서

『과학이 만드는 민주주의』
해리 콜린스·로버트 에번스
지음
고현석 옮김, 김기흥·이충형
감수
이음, 2018

메타모르포시스

MÉTA
MOR
PHO
SES

생명의 순환

에마누엘레 코치아 지음

이아름 옮김

에코리브르

『메타모르포시스』
에마누엘레 코치아 지음, 이아름 옮김
에코리브르, 2025

메타모르포시스적으로 사유하기

이두은

어젯밤 잠자리에 들기 전 나와 오늘 아침 자리에서 눈을 뜬 나는 같은 존재인가? 아마도 많은 이들이 어제의 나와 오늘의 나를 같다고 여기며 하루를 시작할 것이다. 그렇다면 이렇게 질문을 바꿔 보면 어떨까. 10년 혹은 20년 전의 나는 현재의 나와 여전히 같은 존재인가? 앞서 질문과는 달리, 이 물음에 대해 답하기는 조금 까다롭다. 왜냐하면 과거의 나와 현재의 나 사이에는 어떤 신체 변화가 발생했을 것이기 때문이다. 게다가 심리나 정서적 측면까지 고려하면 사정은 더 복잡해진다. 그러니 과거부터 현재까지 있었던 무수한 나를 두고 과연 어떤 동일성을 상정할 수 있을까? 비교할 수 있는 나의 간격을 조금 더 넓혀 보자. 만일 태어나기 전 나라는 존재의 기원을 어떤 방식으로든 상상할 수 있다면, 태어나기 전의 나와 지금의 나는 같은 존재일까? 나아가 우리가 죽은 뒤에도 나라고 부를 수 있는 무언가가 여전히 남아 있다면, 나는 과연 어떻게 존재할까?

이른바 '테세우스의 배(Ship of Theseus)'라 불리는 이 오래된 물음 앞에 저자 에마누엘레 코치아(Emanuele Coccia)는 매우 흥미로운 관점을 제시한다. 저자에 따르면 인간의 존재 형식은 고정되어 있지 않으며, 그렇기에 불변하는 '나' 또한 존재하지 않는다. 저자는 '변신', '변형' 또는 '변태'라는 뜻의 메타모르포시스(Metamorphosis) 개념을 통해 이를 다양한 관점에서 조명한다.* 물론 여기서 말하는 메타모르포시스란 변태 같은 곤충의 생물학적 현상에만 한정된 것이 아니라, 모든 생명체가 공유하는 보편적 존재 양식이다.

변화의 사유, 사유의 변화

저자가 말하는 메타모르포시스란 생명체가 끊임없이 다른 몸과 형식을 빌려 자신을 이어가는 과정을 가리킨다. 따라서 기존의 생명체 형태가 소멸하는 순간에도 생명은 끊어지지 않고, 한 자리에서 다른 자리로, 다시 하나의 방식에서 다른 방식으로 이어진다. 그리고 저자는 이를 통해 전통적인 '개체' 개념에 도전한다. 저자가 보기에 개체란 단일하고 자족적인 실체가 아니라, 늘 타자와의 관계 속에서 끊임없이 변주되는 형식이다. 즉 메타모르포시스는 '고정된 정체성'을 해체하면서 모든 생명을 상호 의존적이고 전이 가능한 존재로 탈바꿈시킨다. 그러므로 나라는 존재는 어떤 완결된 실체가 아니라, 다른 생명과 환경을 거쳐 지속적으로 변형되는 연결망의 구성 요소다.

　　나아가 저자는 이러한 메타모르포시스를 연쇄적 시간의 관점

---

* 메타모르포시스는 철학적 주제일 뿐 아니라, 오래전부터 문학의 주요한 소재로도 활용되어 왔다. 대표적으로 로마 시인 오비디우스의 『변신이야기』와 로마 철학자 아풀레이우스의 『황금당나귀』 등이 인간과 신, 인간과 동물 사이의 경계를 허물며 변신을 존재 탐구와 서사의 동력으로 삼았다. 또 근대에 이르러 프란츠 카프카의 『변신』은 주인공이 갑충으로 변하는 설정을 통해 근대인의 소외와 존재 불안을 풍자적으로 드러낸 바 있다. 그리고 이들 저작의 원제나 번역 제목이 모두 'Metamorphoses'나 'Metamorphosis' 등으로 옮겨진다는 점도 주목할 만하다.

에서 해석하기도 한다. 생명은 단순히 태어나고 성장하다 끝에 가서 죽음을 맞이하는 단선적인 과정이 아니라, 변태의 연쇄 안에 자리하는 사건이다. 그렇기에 탄생은 절대적 시작이 아니며, 죽음 또한 궁극적 종말이 아니다. 탄생과 죽음 모두 생명의 변태가 만들어 내는 하나의 국면일 뿐이다. '변태'에 대한 이러한 이해는 인간뿐 아니라 모든 존재로 확장된다. 심지어 메타모르포시스는 인간과 비인간, 유기와 무기, 개인과 행성을 가로지르는 보편적 원리로 해석될 수도 있다. 인간의 정체성 역시 고립된 자아가 아니라, 지구·태양·행성·별들과의 연속적 변태 과정에서 성립하는 행성적 존재로 재규정된다. 이러한 주장에 대해 아래에서 조금 더 살펴보도록 하자.

탄생과 죽음이라는 환상

저자는 메타모르포시스를 설명하기 위해 탄생이라는 사건에 특별한 의미를 부여한다. 보통 탄생은 새로운 개체가 시작되는 하나의 이벤트 정도로 여겨지지만, 저자는 탄생을 개체의 시작이 아닌, '망각'과 '분리'의 순간으로 정의한다. 탄생은 일견 모체와의 물리적 단절을 통해 자아가 독립하는 것처럼 보이지만, 실상은 한 생명이 다른 생명으로 건너가는 과정이다. 다만 우리는 그것을 망각하고 살 뿐이다. 저자는 탄생을 "생명을 한 형태에서 다른 형태로, 한 종에서 다른 종으로, 한 계에서 또 다른 계로 이끄는 변형의 통로"(29쪽)라고 보며, 모든 개체적 탄생이 곧 나름의 행성적 사건임을 강조한다. 쉽게 말해, 우리는 어머니의 몸을 통과해 지구의 물질과 에너지를 옮기는 일종의 '운송체'로 태어난 것이다.

　이러한 맥락에서 저자는 '모성' 또한 전통적인 방식과는 다르게 해석한다. 그는 모성을 고정된 여성의 본질적 속성으로 보기보다, 생명을 다른 몸으로 옮기는 변형 능력, 곧 전이(轉移)의 기술로 이해한다. 즉 어머니의 자궁은 단순히 재생산의 장소라기보다, 한 형태에서 다른 형태로 옮기는 변형 장치에 가깝다. 출산은 '이주(migration)'의 한 형식이고, 모성은 그 이주를 가능케 하는 최초의 기술이기 때문이다. 이 기술은 생명을 매개하고 이어주는 장치라는 점에서 모성의 작동 방식을 모방하거나 확장한 것에 불과하다. 이렇게 볼 때, 모성은 생명을 낳는 힘을 넘어, 모든 기술적·사회적 관계망을 가능하게 하는 원형적 힘으로 재해석된다.

저자는 죽음 또한 변태의 연속성이라는 맥락에서 재해석한다. 그에게 죽음은 생명의 끝이 아니라 새로운 변화의 문턱이다. 우리는 죽음을 개체의 소멸로 이해하고는 하지만, 생명 자체는 몸의 죽음을 넘어 다른 형태로 이어진다. 이렇게 보면 부활이나 환생이라는 것도 특정 종교의 상상력이 아니라 생명의 구조에 내재한 개념으로 볼 수 있다. 생명은 다른 몸과 다른 형식을 빌려 끊임없이 다시 태어나며, 바로 그 연속성을 통해서만 존재한다. '미래' 역시 동일한 맥락 안에서 이해할 수 있다. 그는 "미래란 영원성의 병이다"(207쪽), 우리를 아프게 만들지만 바로 그 아픔 덕에 살아간다고 말하는데, 과연 미래는 현재를 불안정하게 만들고 변화하도록 강제하는 힘이다. 이 힘이 없었다면 우리는 하나의 고정된 형식에 갇히고 말 것이다. 따라서 죽음이나 미래는 그저 두려움의 대상이 아니라 메타모르포시스의 조건이 된다.

한편, 저자는 이러한 논의에 대한 실증적 근거를 마련하기 위해 자주 곤충학의 지식을 빌린다. 그중에서도 눈여겨볼 것이 성체(成體, adult)에 대한 이해이다. 예를 들어 곤충의 변태는 무변태, 불완전변태, 완전변태 등으로 구분*되지만, 그는 이 단계들 사이의 명

---

* 곤충의 발달은 크게 무변태(ametabolous), 불완전변태(hemimetabolous), 완전변태

확한 경계가 없다는 점에 주목한다. 이러한 모호성은 생명의 연속성과 변태의 본질을 드러내는 동시에, 삶의 모든 단계가 동등하다는 그의 주장을 뒷받침한다. 그리고 이를 바탕으로 우리에게 성체를 완전한 단계로 간주하는 일종의 편견에서 벗어날 것을 촉구한다. 가령 이를 인간의 삶에 적용해 보면, 성인의 삶이라고 해서 더 완전한 것도 아니고, 수정 이후의 배아나 노인의 삶이라고 해서 부족하거나 불완전한 것도 아님을 알 수 있다. 삶의 각 단계는 수평적이며, 모든 형태는 서로에게서 기원하고 서로를 거쳐 간다.

요컨대 생명은 위계적 진보가 아니라 수평적 변이의 카니발이다. 이를 설명하기 위해 저자는 식물의 생장과 번식을 동일한 과정으로 본 괴테의 사상을 언급하는가 하면, 곤충의 배아 발달 메커니즘이 성체 이후의 단계에서도 다시 작동할 수 있다는 캐럴 윌리엄스(Carroll M. Williams)의 연구를 인용하기도 하고, 또 곤충의 변태를 단순히 생물학적 현상으로 보는 것을 넘어, 일련의 세계를 잇는 '야외 지도'로 시각화한 마리아 메리안(Maria S. Merian)의 곤충 화첩에 주목하기도 한다. 이렇듯 삶과 죽음이 분절되어 있지 않고 연쇄되어 있는 메타모르포시스의 세계에서 모든 생명은 부단히 흐르고 이어지며 변화한다.

생태학에서 행성학으로

저자는 기존의 생태학을 본질적으로 '가정(家庭, Haushalt)의 패러다임'에 갇혀 있다고 비판한다. 이는 마치 자연이 하나의 집처럼 정

(holometabolous)로 구분된다. 무변태 곤충은 탈피하면서도 형태 변화가 거의 일어나지 않는다. 불완전변태 곤충은 약충이 성충과 유사하지만 날개와 생식기관이 미발달된 채 남는다. 완전변태 곤충은 유충·번데기 단계를 거쳐 성충에 이르는 생애 주기를 가진다.

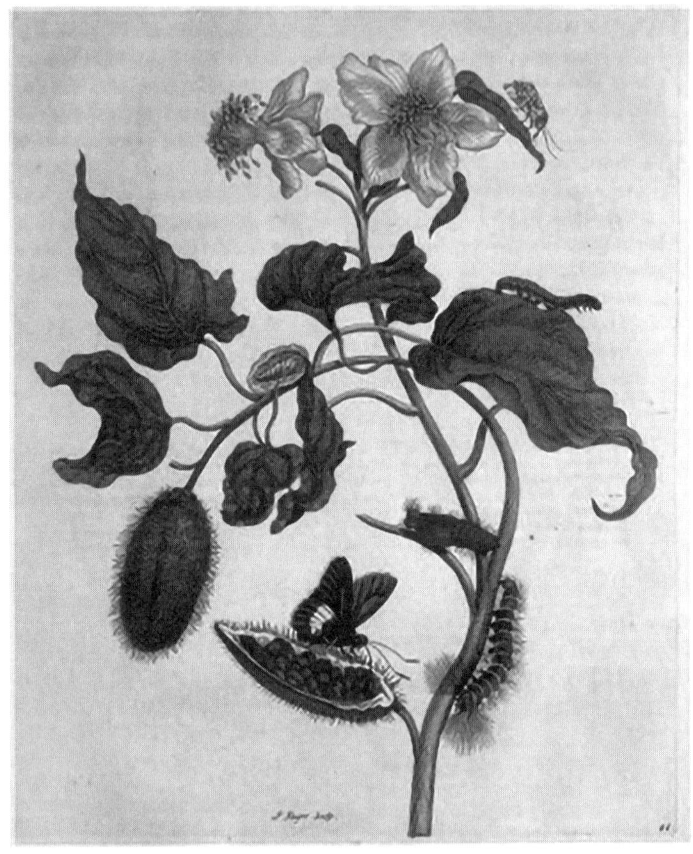

마리아 메리안이 『수리남 곤충의 변태』에 그려 넣은 삽화 일부.(출처: 필자 제공)

돈되어 있어, 그 안에서 각 존재마다 부여받은 자리와 기능을 수행
한다는 발상이다.* 이 틀 속에 생태학이 머무르는 한, 자연은 보호

---

* 이는 고대 그리스어 오이코스(οἶκος, 집)와 여기서 파생된 오이코노미아(οἰκονομία, 집
안 관리·경제)의 개념과도 맞닿아 있다. 오이코스는 단순히 물리적 거처가 아니라 가
족, 노예, 토지를 포함한 하나의 질서 체계를 의미했으며, 오이코노미아는 이를 관리하
고 유지하는 기술을 가리켰다. 근대 생태학 역시 이러한 어원적·사상사적 전통을 계승

해야 할 '집'의 일부로만 환원되고, 인간은 그 '집'의 수호자를 자처할 뿐이다. 하지만 저자는 이러한 태도를 일종의 기만이라고 지적한다. 또 '침입종' 개념처럼 자연에 국경과 시민 윤리를 부과하는 것 또한 인간의 법적 습속을 그대로 이식한 결과일 뿐, 생명의 본질 자체를 드러내지 못한다고 주장한다. 결국 저자가 비판하는 기존의 생태학은 생명체들을 정주(定住)의 논리에 묶어 두는 '너무나 인간적인' 학문인 셈이다.

이에 맞서 저자가 제안하는 것은 메타모르포시스적 행성학이다. '행성(planète)'이라는 말이 본래 '방황하다(planaomai)'라는 말에서 왔듯이, 행성학은 모든 생명을 떠도는 몸들의 연쇄로 이해한다. 이때 세계는 안정된 집이 아니라 운송의 은유로 가득 찬 공간, 곧 서로를 싣고 나르며 변형시키는 무수한 방주들의 집합이 된다. 가령 우리의 몸은 독립적 실체가 아니라 운송체일 뿐이며, 모든 사물은 타자의 생명을 싣고 다시 전하는 매개이다. 지구 역시 고정된 것이 아니라, 수많은 대륙들이 뗏목처럼 흔들리며 움직인다.

『메타모르포시스』가 우리에게 건네는 메시지는 분명하다. 더이상 세계를 '집'으로 이해하지 말라는 것이다. 생명은 정주하거나 소유하는 것이 아니라, 끊임없이 이동하고 변형하며 서로를 관통한다. 우리가 살아가는 세계는 언제나 진행 중인 여정이며, 그 속에서 모든 존재는 살아 있는 '고치'이자 행성이다. 코치아의 책을 읽는 경험은 오랫동안 익숙해져 있던 생태학적 '집'의 이미지를 허물고, 대신 우리를 끝없는 유랑의 사유 속으로 초대한다. 그리고 인간과 비인간, 개인과 종, 지구와 우주를 아우르는 변태의 과정에서

하고 있는데, 독일의 동물학자 에른스트 헤켈(Ernst Haeckel)은 1866년 『유기체의 일반형태학(*Generelle Morphologie der Organismen*)』에서 처음으로 '집의 학문'이라는 뜻의 'Ökologie'를 제시했다. 자세한 내용은 『메타모르포시스』, 158-163쪽 참조.

다시 한번 '나'의 의미를 돌아보게 한다.

메타모르포시스들

중국 문학과 사상을 공부하는 나로서는 코치아의 이 책을 읽고 단번에 『장자』를 떠올릴 수밖에 없었다. 그만큼 『장자』 속 다양한 이야기들은 메타모르포시스 개념과 연결되어 있다. 이를테면 물고기가 새로 변화하는 곤붕(鯤鵬) 이야기, 장자가 꿈에 나비가 되었다는 호접몽 이야기, 양해(羊奚)라는 식물이 얼마의 과정을 거쳐 말과 사람을 낳는다는 열자(列子) 이야기, 또 인간의 죽음 이후 다른 생명 형태의 가능성을 시사한 우언들 모두가 코치아가 언급한 메타모르포시스의 의미를 동양적인 방식으로 선취하고 있다. 이해를 돕기 위해 『장자』의 「제물론」에 실려 있는 호접몽 이야기 한 편을 옮겨본다.

옛날에 장주(莊周, 周는 장자의 이름)가 꿈에 나비가 되었다. 팔랑팔랑 가볍게 날아다니는 나비였는데 스스로 유쾌하고 만족스러웠는지라 자기가 장주인 것을 깨닫지 못했다. 얼마 있다가 화들짝 놀라 꿈에서 깨어 보니 갑자기 장주가 되어 있었다. 모르겠다. 장주의 꿈에 장주(莊周)가 나비가 된 것일까? 나비의 꿈에 나비가 장주가 된 것일까? 장주와 나비는 분명 구별이 있으니, 이를 '사물의 변화[物化]'라고 한다.

물론 이 이야기는 '꿈'을 매개로 전개된다는 점에서 생명의 변태 과정을 말하는 생물학적 현상과는 거리가 있다. 하지만 장자는 이야기의 끝에서 꿈꾸는 주체를 의심함으로써 이를 단순한 꿈 이상의 이야기로 탈바꿈시킨다. 그러니까 애초부터 이 이야기에

16세기 중엽의 명나라 화가 노지가 그린 〈나비의 꿈〉.(출처: 위키피디아)

서 장자의 장자다움, 혹은 나비의 나비다움이란 존재하지 않는지도 모른다. 장자/나비의 꿈은 고정된 방향을 가지지 않는다. 다만 서로를 향해 변화하는 변태의 가능성만이 존재할 따름이다. 이는 어떤 의미에서 코치아가 주장한 메타모르포시스와 닮아 있다. 주체 중심의 사고를 벗어나 다른 세계의 여러 가능성이 서로 공존할 수 있는 상태, 나와 타자가 대등하게 교차하는 메타모르포시스의 세계란 다른 말로 표현하면 장자의 '물화(物化)'가 아닐까.

　그러나 한편으로 코치아의 이 과감한 사유는 생물학적 불연

속성을 모호하게 하는 한계를 지닌다. 실제 곤충의 변태는 조직과 신경회로가 해체되고 다시 짜이는 급진적 단절의 과정이며, 이를 단순히 연속성으로만 설명하기는 어렵다. 이 때문에 그의 논지를 신유물론과 탈인간주의 철학의 확장으로 평가하는 목소리가 있는 반면,* 은유적 수사에 지나치게 의존한다는 비판도 공존한다. 그럼에도 이 책의 의의는 분명하다. 코치아는 인간 중심의 생명 이해를 전복하고, 존재를 '형상의 카니발'(9쪽)로 사유함으로써 기존 생태 담론이 미처 발휘하지 못한 상상력을 불러일으킨다. 나는 이 책을 과학적 엄밀함보다는 철학적 실험과 사유의 가능성으로 읽었다. 그 가능성은 독자마다 다르게 열릴 수 있다. 텍스트 속에서든, 혹은 일상의 작은 체험 속에서든, 우리는 저마다의 관점에서 새로운 메타모르포시스를 발견할 것이다. 이 책이 그 가능성을 열어 주는 계기가 되기를 바란다. **서리북**

---

* 코치아의 사유를 도나 해러웨이나 로지 브라이도티와 같은 철학자들의 사유의 연장선에서 읽을 수도 있을 것이다. 가령 도나 해러웨이는 『트러블과 함께하기』(마농지, 2021)에서 인간과 비인간이 얽혀 있는 관계망 속에서 새로운 친족 개념을 모색하며, 이는 코치아가 말하는 '변형과 연속성'의 사고와 맞닿아 있다. 로지 브라이도티는 『포스트휴먼』(아카넷, 2015)에서 인간중심주의를 넘어선 주체성을 논하며, 코치아가 제안하는 행성적·생태적 사고를 뒷받침하는 철학적 틀을 제공한다.

이두은
전남대학교와 베이징대학교 중어중문학과에서 공부했으며, 현재는 전남대학교 중어중문학과 강사로 있다. 제1회 우주리뷰상 우수상과 제19회 쿨투라 영화평론 부문 신인상을 수상했다.

📖 '나'는 매 순간 타자의 몸을 수용하고 길들인다. 이러한 몸은 다수의 생명 가능성이 '나'를 매개로 공존하는 장(場)으로 이해될 수 있다. 어떤 점에서 코치아의 논지는 동양 철학자 장자(莊子)의 사유와도 상응한다. 장자와 그 후학들이 집필했다고 전하는 『장자』에는 사물의 변신과 신체의 변형을 다룬 흥미로운 일화들이 많이 담겨 있다.

"나의 왼팔을 조금씩 변화시켜서 닭으로 만들어 준다면 나는 그대로 사람들에게 새벽이나 알려주지요. 나의 오른팔을 조금씩 변화시켜 새 잡는 활로 만들어 준다면 나는 그것으로 솔개를 맞춰 잡아 군고기를 구워 먹게 해 주지요. 나의 궁둥이를 조금씩 변화시켜 수레바퀴로 만들고 정신을 변화시켜 말로 만들어 준다면, 나는 그대로 타고 다닐 것이오." — 책 속에서

『장자』
장자 지음
김학주 옮김
연암서가, 2010

📖 밀러는 근대적 세계관이 인간을 외부로부터 차단된 존재로 상정했다고 지적한다. 반면 도교적 전통에서 몸은 외부 세계에 열려 있는 '투과적(porous)' 존재로 그려진다. 이러한 몸의 투과성 개념은 생태학과 맞물려 새로운 윤리적·정치적 상상력을 가능케 하는데, 이를 코치아의 메타모르포시스 개념과 함께 읽어도 좋을 것이다.

China's Green Religion
Miller James
Columbia University
Press, 2017

장덕수 연구

『장덕수 연구』
심지연 지음
백산서당, 2025

식민지 정치의 (불)가능성을 묻다

홍종욱

김성수, 송진우 그리고 장덕수

이승렬은 『근대 시민의 형성과 대한민국』(2021)에서 한국 자유민주주의 역사적 연원으로 기독교 세력과 더불어 호남의 상층 지주 김성수에 주목했다. 박훈은 이 책을 "한국 근대사의 낡은 서사에 대한 도전"이라고 평가했다.* 윤덕영은 『세계와 식민지 조선의 민족운동』(2023)에서 부르주아 민족주의 좌파/우파와 같은 낡은 구도를 비판하고 사회적 자유주의에 입각한 송진우의 정치에 주목했다. 류시현은 이 책을 "진지전의 돌파구 제시"라고 평가했다.**

이어 한국 현대 정치사 연구의 거장 심지연이 쓴 『장덕수 연구』(2025)가 나왔다. 이 책은 백년전쟁과 건국전쟁의 대립으로 상징되듯 우리 사회가 식민지 시기와 해방 공간에서 조국을 위해 애쓴 이들의 희생과 헌신에 대해 의견이 엇갈리는 점을 우려한다.(3

---

* 박훈, 「한국 근대사의 낡은 서사에 대한 도전」, 《서울리뷰오브북스》 6호, 2022년 여름.
** 류시현, 「진지전의 돌파구 제시: 송진우, 동아일보 계열, 신자유주의의 새로운 조명」, 『인문논총』 81(1), 2024.

쪽) 그리고 항일과 친일의 경계를 넘나들고 해방 후에도 이상과 현실의 영역을 오간 대표적인 인물로서 장덕수에 주목했다.

1910년대 와세다대학 유학 시절부터 해방 직후 격동기까지 평생을 동지로서 함께한 김성수, 송진우, 장덕수를 다룬 연구가 잇달아 나온 것이 그저 우연일까. 이승렬은 김성수 연구를 통해 결국 남북의 보수적 반동으로 귀결되고 만 급진주의를 비판하고, 오히려 점진주의가 자유를 증진하고 개혁을 이루어 왔다고 평가했다.『장덕수 연구』는 저항과 협력으로 일도양단할 수 없는 제3지대에 주목하는데, 윤해동의『식민지의 회색지대』(2003)가 비로소 정치사 연구로서 구체화한 느낌이다. 산업화와 민주화의 고비를 힘겹게 넘은 뒤 자칫 길을 잃은 우리 현실이 장덕수와 송진우의 '사회적 자유주의'(윤덕영에 따르면)를 역사 속에서 소환하고 있다.

이 책의 저자 심지연은 인물과 단체에 관한 실증적 연구로 식민지 시기와 해방 공간의 정치사의 토대를 놓았다. 그 출발점이 김성수, 송진우, 장덕수가 일군『한국민주당 연구』(1권 1982, 2권 1984)였다는 점은 의미심장하다. 40년의 세월을 넘어 자신의 출발점으로 돌아온 셈이다. 장덕수에 대해서는 심재욱과 최선웅의 치밀한 연구가 나와 있다. 심지연은 두 사람의 연구를 흡수한 위에 여러 근대 인물의 회고록, 평전을 섭렵해 장덕수라는 인물을 입체적으로 그려냈다.

정열(情熱)적인 성격, 전실(典實)한 문장, 현하(懸河)의 웅변

장덕수는 1894년에 황해도 재령에서 태어났다. 1912년에 일본 유학을 떠나 와세다대학에서 김성수, 송진우 등과 교류하며 신학문을 배웠다. 적극적으로 유학생 운동을 벌였고 중국 유학생 등과 신아동맹을 결성하기도 했다. 공부를 마친 뒤 1918년에 상하이로 가

도쿄 제국호텔 전경. 1919년 11월 일본 정부는 여운형을 친일 자치주의자로 회유하고자 일본으로
초청했으나, 여운형은 이를 역이용해 도쿄에서 조선 독립의 당위성을 주장하는 연설을 했다. 이때
장덕수가 통역을 맡았다.(출처: Flickr)

서 여운형과 만나 독립운동에 투신한다. 이후 2·8 독립선언, 3·1 운동
의 연락책으로 활동하다 체포되고 만다. 3·1 운동 후 1919년 11월에
여운형이 일본 정부 초청으로 도쿄를 방문할 때 통역으로 동행해,
유명한 제국호텔 연설에서 위대한 조연으로 활약했다.

　　1920년에 창간한 동아일보 주간으로 이름을 떨쳤지만, 한편
에서 상해파 고려공산당 국내부 책임자라는 두 얼굴을 지녔다. 장
덕수는 1920년대 초 '문화 정치' 시기에 사회운동, 민족운동 지도
자로서 탁월한 능력을 발휘한다. 그러나 "장덕수의 전성기"(79쪽)
는 오래가지 못했다. 김윤식 사회장 논쟁에서 타격을 입고 사기 공
산당 사건으로 공공의 적이 된 장덕수는, 김성수의 도움과 송진우
의 배려로 동아일보 부사장 자리를 유지한 채 쫓기듯 미국 유학길
에 올랐다.

장덕수는 1925년에 컬럼비아 대학교에서 「마르크스 국가관에 대한 비판적 고찰」로 석사학위를 받았다. 박사과정에서는 3년간 영국 현지 조사까지 한 뒤 1936년에 「산업평화의 영국적 방법」으로 학위를 받았다. 마르크스주의의 계급 투쟁론, 국가 소멸론을 대신할 이론 자원, 실천 방식을 손에 넣고자 한 것이다. 유학생이었지만 동아일보 부사장이기도 했던 그는 뉴욕에서 이승만 계열의 동지회에 가담해 적극적으로 활동했다.

1936년 12월에 유학을 마치고 돌아왔지만 조국의 현실은 암담했다. 동아일보는 일장기 말소 사건으로 기약 없는 정간 상태였다. 장덕수는 동아일보사를 그만두고 김성수가 교장으로 있던 보성전문에서 강의를 맡았다. 1937년 6월에 정간이 해제되었지만, 동아일보 논조는 친일 색채가 짙어 갔다. 장덕수 역시 여러 친일 단체에 이름을 걸고 학도병, 징병을 권유하는 연설을 벌였다. 해방 직후 장덕수는 가장 먼저 정치 일선에 나섰다. 1945년 12월에 송진우가 암살된 뒤 전면에 나서 한민당을 이끌었지만, 자신도 1947년 12월에 테러에 희생되었다.

김성수, 송진우 두 선배와 장덕수의 인연은 평생 이어졌다. 1923년 4월부터 1936년 12월까지 유학을 떠날 수 있었던 건 김성수의 재정적 도움에 더해 빈자리를 넉넉히 채울 송진우가 있었기 때문이다. 돌이켜 보면 식민지 시기 장덕수의 국내 활동은 짧았다. 그러나 그는 "정열(情熱)적인 성격, 전실(典實)한 문장, 현하(懸河)의 웅변"으로 사람들을 사로잡았다고 기억되었다.* 송진우는 "장덕수 군과 같은 충실함과 굳센 곳이 없는 점이 그이의 큰 결점"이라고 지적되었다. 그러나 송진우는 '모략 종횡의 가장 활동적인

---

* 유광열, 「동아일보 부사장 장덕수론」, 《혜성》 1-8, 1931.

정객'이었고, 그런 점에서 장덕수는 "송 씨의 발아래에 멀리 내려다보이는 순진한 뽀이"였다.* 그리고 송진우와 장덕수 뒤에는 늘 충직한 후원자 김성수가 있었다.

1920년대 초반 동아일보는 한편에 편집국장 이상협을 중심으로 한 민족주의 세력이, 다른 한편에 장덕수를 비롯한 상해파 고려공산당 국내부가 있었고, 송진우가 사장으로서 이들을 아울렀다.** 1923년은 사회적 자유주의와 마르크스주의가 착종된 장덕수의 실천이 벽에 부딪힌 해였다. 1937년 이후 장덕수는 은인자중한 송진우와 달리 적극적 친일에 나서지만, 해방 이후에는 다시 송진우의 오른팔로서 활약한다. 송진우 암살 후 한민당을 이끌며 이승만과 김구마저 압도한 1947년은 장덕수에게 별의 순간이었다. 다만 바로 그 탓에 테러의 표적이 되고 말았다. 이 책은 장덕수 이해에 결정적인, 그와 송진우의 미묘하고 복잡한 관계를 충분히 그리지 않은 아쉬움이 있다.

사회적 자유주의와 전향 그리고 반공주의

제1차 세계대전 이후 일본에는 잡지 《개조》(1919년 창간)가 상징하듯 반자본주의, 반제국주의를 내건 '개조' 사상이 범람했다. 식민지 조선의 사상계도 다르지 않았는데 그 무대는 잡지 《개벽》과 동아일보(모두 1920년 창간) 등이었다. 갖은 개혁 사상 즉 사회주의, 공산주의, 아나키즘, 자유주의, 민족주의가 서로 얽힌 채 전개되었다. 주된 관심은 개인의 발견과 사회/민족의 구제였다.

이런 시대였기에 장덕수는 자유주의자이자 사회주의자일 수

---

* 황석우, 「나의 팔인관」, 《삼천리》 4-4, 1932.
** 윤덕영, 『세계와 식민지 조선의 민족운동』, 혜안, 2023, 37쪽.

있었다. 일본 유학 시절 장덕수는 전형적인 사회진화론자였다. 다만 그는 진화의 철칙이 관철되는 세계에서 살아남는 법은 진화를 공부하는 것이라며, 세계의 법칙 아래 주체 구성을 꾀했다.* 장덕수는 사회진화론을 적자생존의 숙명론으로서가 아니라 개인과 사회, 부분과 전체의 윤리적 조화 과정으로 파악한 19세기 말 영국의 사회적 자유주의의 영향을 받았다.**

　　1922년에 장덕수는 레닌 자금을 유용했다는 사기 공산당 사건의 한복판으로 내몰렸다. 이를 두고 이 책에서는 "장덕수는 공산당 내에서 전개되는 파벌투쟁에 본의 아니게 휘말리게 되며, 사회혁명당 당원이었던 그도 본의 아니게 공산당 당원이 되었다."(111쪽)고 설명한다. 그러나 이 책에서도 여러 번 밝히고 있듯이 장덕수는 상해파 고려공산당 국내부의 핵심 구성원이었고 심지어 그 책임자였다.*** 따라서 '본의 아니게'라는 표현은 적절치 않다. 1920년대 중반 이후 뚜렷해지는 사회주의 대 민족주의, 그리고 사회주의 내부의 공산주의 대 사민주의 구도를 소급 적용하지 않는 역사주의적 접근이 필요하다. 장덕수의 모호한 이념이 1920년대 초반 그들이 이해한 공산주의였다.

　　미국 유학 과정에서 장덕수는 마르크스의 국가론 즉 계급 투쟁론과 국가 소멸론의 문제점을 깨닫고 그로부터 거리를 둔다. 그가 발견한 새로운 길은 노동조합과 사회보장제도를 두 기둥으로 삼는 영국식 '산업평화'였다. 박사 논문에서는 "이태리식이건 러

---

* 김동식, 「진화·후진성·1차 세계대전: 《학지광》을 중심으로」, 《한국학연구》 37, 2015, 171쪽.
** 최선웅, 「장덕수의 사회적 자유주의 사상과 정치활동」, 고려대학교 사학과 박사학위논문, 2014, 참조.
*** 이애숙, 「1922-1924년 국내의 민족통일전선운동」, 《역사와 현실》 28, 1998, 참조.

시아식이건” 즉 파시즘이든 공산주의든 독재는 한계가 분명하다고 지적하고, 다양성과 유연성을 바탕으로 한 영국 민주주의의 통일성과 질서를 옹호했다.(158쪽) 이는 바로 공산주의와 파시즘을 의식한 1930년대 세계 자본주의의 시대정신이었다.

그러나 장덕수를 기다리던 1930년대 후반 식민지 조선에는 사회민주주의 혹은 사회적 자유주의라고 할 그의 이념이 발붙일 곳은 없었다. 일제의 가혹한 탄압에 따른 사상과 이념의 식민지적 불모성은 전시 체제로 들어가면서 더 노골화했다. 장덕수는 독일, 이탈리아, 소련의 전체주의 비판에서 거꾸로 전체주의적 동원 체제 옹호로 선회했다. 그리고 태평양전쟁이 발발하자 미국과 영국을 적성국가로 비난했다.(199쪽)

전시 체제기 일본과 조선에서는 ‘산업보국’이 부르짖어졌다. 장덕수는 “전시 체제하에서는 노동과 자본이 협조하고 국력을 총동원하는 산업보국의 정신을 함양”해야 한다고 이를 지지했다.(198쪽) ‘산업평화’가 ‘산업보국’으로 이어진 셈이다. 일본 근대사가 이토 다카시는 천황제 파시즘론을 비판하고 제1차 대전 이후 개조 사상이 중일전쟁 이후 혁신 정책으로 이어진다는 수정주의적 일본 근대 사상을 제시한 바 있다.* 개조의 시대가 끝나자 조선을 떠났다가 혁신의 시대가 시작될 무렵 다시 돌아온 장덕수의 이념을 따지는 데 시사적이다.

해방 직후 탄생한 한민당은 자유주의자와 민족주의자는 물론 일부 사회주의자도 함께하여 폭넓은 이념 스펙트럼을 지녔다. 그러나 송진우 사망 후 장덕수 주도하에 점차 보수화가 진행된다. 장덕수는 집권 전략을 세우는 데는 유능했지만, 어느새 강고한

---

* 伊藤隆,「昭和政治史研究への一視角」,《思想》624, 1976, 참조.

반공주의자가 되어 민족 통일전선, 좌우합작의 가능성을 스스로
닫았다.

식민지 근대화와 비식민화의 정치

장덕수는 어려운 집안 사정 탓에 열네 살 때부터 일본인 관리에 의
탁해 숙식을 해결하고 교육 기회를 얻을 수 있었다. '실질적인 양
자'였다고 한다.(21-22쪽) 이 책에서는 이를 '역사의 아이러니'라고
평했다.(28쪽) 그러나 식민지 시기 일본인의 도움을 받은 조선인은
결코 적지 않다. 이인직의 『혈의 누』(1906)는 주인공 옥련을 통해
일본인이 일종의 선교사적 사명으로 거두어들인 조선인을 형상화
했다.* 이는 역사의 아이러니가 아니라 세계사적으로 식민 통치
에 내재한 눈감을 수 없는 측면이다.

　1936년에 귀국한 장덕수는 예전과 달리 민둥산이 푸르게 변
한 것을 보고 "물질문명이 많이 발달"되었다고 인정했다.(179쪽)
식민지 근대화는 특히 20세기적 식민 통치의 주요한 특징이다. 식
민지 근대화란 착취가 개발을 통해 이루어졌다는 뜻이다. 식민주
의의 본질은 수탈 그 자체보다는 노골적인 혹은 교묘한 차별에서
찾는 것이 낫다.

　20세기 식민지 제국의 변용을 설명하기 위해 비식민화
(decolonization)라는 개념이 제안된 바 있다.** 제1차 세계대전을 계기
로 민족자결 원칙이 확산하면서 19세기적 식민 통치는 지속 불가
능하다는 것이 명백해졌다. 세계적으로 여러 식민지에서 자치가
허용되고 독립이 약속되는 등 비식민화가 진행되었다. 3·1 운동 이

---

* 최정운, 『한국인의 탄생: 시대와 대결한 근대 한국인의 진화』, 미지북스, 2013, 참조.
** 홍종욱, 「3·1운동과 비식민화」, 한국역사연구회 3.1운동 100주년 기획위원회, 『3·1운
동 100년 3: 권력과 정치』, 휴머니스트, 2019, 참조.

대화숙 황도수련회(1941). 앞줄 오른쪽에서 첫 번째 장덕수, 두 번째 최익한, 세 번째 백남운. 각각 황도수련회 1반, 2반, 3반 반장. 대화숙은 일제가 설치한 전향자 통제 조직.(출처: 홍종욱, 『일제의 사상통제와 전향 정책』, 동북아역사재단, 2024)

후 문화 정치는 비식민화의 한국적 표현이었다. 1920-1930년대 식민지 조선에서는 독립과 자치, 심지어 동화까지를 포함하여 비식민화의 방향을 둘러싼 각축이 벌어졌다. 그 형식은 무장투쟁과 외교 활동 그리고 일본 정부와 교섭까지를 포함했다.

국외 망명을 택한 이들 가운데는 식민지에서의 '정치'를 타협 혹은 타락으로 여기는 이들이 많았다. 이 책은 "해외에서 노력한 만큼 크게 주목받거나 평가받지는 못했지만, 국내에서 엄청난 고통과 희생이 따르는 활동도 적지 않았다"(12쪽)고 강조했다. 일찍이 나미키 마사히토가 국외 운동에 정통성을 두고 국내 운동 및 사상을 철저하게 단죄하는 경향을 '망명자 사관'*이라고 비판한 것과 상통한다.

---

* 並木真人,「朝鮮における「植民地近代性」·「植民地公共性」·対日協力: 植民地政治史·

　　1919년에 여운형과 장덕수가 일본 정부와 교섭을 위해 도쿄를 찾은 일은, 비슷한 시기 아일랜드 신페인당이 영국 정부와 담판을 위해 런던을 찾은 일을 떠올리게 한다. 당시 일본 측 인사는 여운형에게 "조선 내 지역에 귀환해 자치를 획득하기 위한 준비운동을 하는 것이 어떤가?"(58쪽)라고 회유했다. 장덕수는 1923년 12월 미국에서 보낸 글에서, "일본 사람 아래 정권을 의지하여 우리 조선 사람의 이 문제를 해결하려는 정치적 운동은 다소 있었"*지만 성과는 적었다고 말했다. 이 책에서는 '정치적 운동'을 계급 운동으로 해석했지만,(120쪽) 그보다는 말 그대로 '정치' 특히 일본 정부를 상대로 한 비식민화 교섭이나 청원을 가리킨다고 보인다.

　　1925년 장덕수는 다른 사람의 설명을 전하는 형식을 빌려, "조선은 장차 캐나다나 오스트레일리아 같은 자치령이 되거나, 아니면 완전한 민족적 독립국가가 되거나, 둘 중 하나가 될 것"이라고 말했다. "한 민족이 다른 민족의 의사를 무시하고 무한정 통치를 계속할 수는 없는 시대가 되었기 때문"이었다.(130쪽) 1927년에는 재미 한인 소식을 전하며 "정치문제에 대하여서는 보도의 자유가 없을 줄 알므로 소개치 아니"(133쪽)한다는 말을 덧붙이기도 했다. 장덕수가 식민지 정치의 가능성, 불가능성을 날카롭게 의식한 점을 이 책에서 좀 더 드러냈으면 좋았겠다는 아쉬움이 있다.

반공 민주주의라는 대한민국의 설계도

1945년 12월 모스크바 삼상회의 소식이 전해지자 좌우익을 막

社会史研究のための予備的考察」,『国際交流研究』5, フェリス女学院大学国際交流学部, 2003, 2쪽.

* 인용이 다소 부정확하여 원문을 보고 바로잡았다. 장덕수, 「미국 와서(3)」, 《동아일보》, 1923년 12월 3일 자.

론하고 반탁 여론이 격양되었다. 이러한 가운데 신중론을 폈던 송진우는 극우 청년에게 암살당하고 만다. 이후 좌익이 찬탁으로 돌아서자 신탁통치를 둘러싼 좌우 대립이 극심했다. 임시정부 수립을 논의하기 위한 미소공위는 1946년 5월에 무기한 휴회에 들어갔다. 이 무렵 여운형과 김규식이 중심이 된 좌우합작 운동이 벌어져 미군정의 지지를 얻었다.

　여운형, 김규식이 정국을 주도하는 가운데, 이에 반발한 좌익은 여운형에 대한 테러를 시도했고 한민당을 비롯한 우익도 좌우합작을 비판했다. 10월에 좌우합작 7원칙이 발표되자 한민당은 장덕수 주도로 "유상매수한 토지를 무상분여하는 것은 국가의 재정적 파탄을 초래"(224쪽)하므로 단호히 반대한다고 밝혔다. 이를 계기로 좌우합작에 우호적이었던 당내 진보 세력이 이탈함으로써 한민당은 보수 색채가 짙어졌다.

　김구와 이승만은 반탁을 주장하며 미소공위 참가를 거부했으나, 장덕수는 반탁을 주장하기 위해서라도 미소공위가 주도하는 임시정부 협의에 참가해야 한다는 논리를 폈다. 이에 한민당을 비롯한 우익 진영 대부분이 미소공위에 협조하게 되면서 장덕수는 김구와 이승만을 제치고 정국을 주도하는 위치에 섰다.

　한민당이 중심이 되어 우익 진영이 결집한 임시정부수립대책협의회는 장덕수 주도 아래 공동 답신안을 작성해 미소공위에 제출했다. 여기에는 국호를 대한민국으로 하고 삼권 분립과 대통령 내각제를 규정하는 등 지금 우리 사회로 이어지는 큰 틀을 담았다.(256쪽) 한편 반공주의가 두드러졌다. 지주의 토지에 대해서는 무상몰수도 유상매수도 반대하여 토지개혁 의지를 보이지 않았다.(259쪽) 산업별 전국경영자협의회와 전국노동자협의회 대표로 전국산업협의회를 구성하자는 주장은 산업평화에서 산업보국으로 이어진 장덕수의 지론이 반영된 결과였다.

　　장덕수는 대한민국의 주류가 되는 반공 민주주의의 숨은 설계자였다. 이 책은 민주주의와 시장경제 체제 도입에 장덕수의 기여가 적지 않았다고 밝혔다.(304쪽) 결국 미소공위는 결렬되고 한반도 문제는 유엔에 이관되었다. 이후 김구의 이상주의와 이승만의 현실주의가 부딪히는 가운데, 현실주의를 택한 장덕수는 결국 김구 추종자에게 살해되었다. 암살범인 연희대학 상과 학생 배희범은 범행 이유로 장덕수가 미소공위에 참가한 점과 더불어 해방 전 공산당의 이론 분자로서 공산당 자금으로 미국 유학을 떠난 점을 들었다.(288쪽) 여러 이념을 모색하며 식민지-주변부에서 정치의 가능성을 탐색한 궤적이 그의 발목을 잡은 셈이다.

　　장덕수의 이념과 실천은 식민지에서 정치는 가능한가라는 묵직한 질문을 던진다. 개인의 발전과 사회의 구제를 향한 그의 노력은 식민과 탈식민, 좌와 우의 대립으로도 환원되지 않는 우리 근현대사의 통주저음이었다. 이승만과 김구의 화려함에 눈을 뺏기기 쉽지만, 장덕수야말로 영욕에 찬 대한민국의 참된 설계자였는지 모른다. 충실한 내용을 시의적절하게 엮어 준 저자의 노력에 경의와 감사를 표하며, 몇몇 사소하지만 명백한 오류를 각주에 적어 둔다.*

서리북

---

* 윌슨의 평화 원칙 14개조에 "각 민족은 정치적 운명을 스스로 결정할 권리가 있으며 외부의 간섭을 받아서는 안 된다"는 표현이 직접 들어 있지는 않다.(44쪽) 1931년에 식민지 조선의 일본군이 2개 사단에서 5개 사단으로 증강된 일은 없다. 창씨개명이 강제된 것은 1937년이 아니고 1940년이다. 모집 방식의 노무 동원은 중일전쟁 이전이 아니라 1939년부터 실시되었다.(194쪽) 1937년 9월에 시국강연대에 참가해 친일 행위를 벌인 원인으로서 1938년 흥업구락부 사건 당시의 전향 성명을 드는 것은 시간 순서가 맞지 않는다.(196쪽) '한국지사'는 '환국지사'의 잘못이다.(219쪽)

📖 **1920-1930년대 동아일보 사장, '신문 독재자'에서 해방 직후 한민당 수석총무로 변신한 송진우와 동아일보를 다뤘다. 사회적 자유주의자 송진우의 이념과 실천에 초점을 맞춰, 부르주아 민족주의 좌파와 우파라는 낡은 틀을 넘어 한국 민족운동을 바라보는 새로운 틀을 제시했다.**

"합법의 틀을 유지하면서 합법적 정치운동을 전개하는 것이 곧 일제와 타협하는 것은 아니다. 합법적 영역에서도 비타협적으로 투쟁할 수 있으며 신간회 역시 그러했다." — 책 속에서

『세계와 식민지 조선의 민족운동』 윤덕영 지음 혜안, 2023

📖 **압도적인 사료를 치밀한 서사로 엮어낸 정통 정치사이다. 인민공화국 부정, 임시정부 활용, 그리고 불하된 벼락 권력이라는 현대 한국의 원형을 탐구했다. 해방 전후사의 인식과 재인식을 넘어 비로소 해방공간의 민낯을 마주할 수 있다.**

"해방 직후사를 구성하는 인간군상과 인간관계의 그물망이 이 책의 핵심 이야기다. 이 책은 누구도 기억하지 않는 이야기, 기록되지 않은 역사, 그러나 한국 현대사의 출발점이 된 역사를 다루고 있다." — 책 속에서

『1945년 해방 직후사』 정병준 지음 돌베개, 2023

홍종욱

서울대 인문학연구원 교수. 서울대 국사학과를 졸업하고 도쿄대에서 박사학위를 받았다. 식민지 시기 사회주의자 및 전향자의 이념과 실천, 남북한 역사학과 내재적 발전론, 디지털 인문학 등에 관한 글을 썼다. 근저는 『민족과 혁명: 식민지 사회주의의 이념과 실천』(역사비평사, 2025).

문학·에세이

서울
리뷰 오브
북스

중국 문학과 타이완 문학
최근 한국 독서계의 중국 소설과 타이완 소설의 현주소

김택규

올해 6월 어김없이 열린 서울국제도서전은 사전 예매만으로 입장권 15만 장을 완판해 책의 시대가 다시 온 건가 싶은 착각이 들게 했다. 개막일, 오픈런을 하러 코엑스 전시장에 갔을 때 입장을 위해 끝도 없이 구불구불 줄을 선 사람들의 대다수가 젊은이였던 것도 놀라웠다. 그리고 주빈국이었던 타이완이 역대 최대 규모로 조성한 대만관이 '대만 감성'을 주제로 한 다양한 전시와 60여 개의 이벤트로 인파를 끌어모았던 것도 의미심장했다. 서울국제도서전이 전년도부터 정부지원금을 받지 않고 독립하지 않았다면, 타이완을 국가로 인정하지 않는 중국의 대외적인 압력을 도외시하고 타이완을 주빈'국'으로 선정할 수 있었을까. 또 이런 배경이 없었다면 타이완 출판계가 무려 200명의 자국 출판인을 파견해 타이완의 풍부하고 독자적인 문화를 알릴 수 있었을까.

물론 모든 일에는 명과 암이 있다. 타이완이 감히 나라 행세를 하는 국제 행사에 중국이 참여할 리가 없으므로 이번 서울국제도서전에는 중국 출판사 부스가 하나도 없었다. 2017년 사드 사태 이후로 한중 문화 교류가 위축된 탓이기도 하지만 그래도 지난해까지는 체면치레로라도 한 개 출판사는 중국 출판계 전체를 대표해 부스를 차렸고 부스 없이 순수 관람을 위해 찾아오는 중국 출판인들도 있었다. 하지만 올해는 중국에서 아무도, 아무것도 오지 않았다. '양안(兩岸) 통일'을 위해 타이완을 국제적으로 고립시키려는 중국의 이 보이콧이 익숙하면서도 다소 지겨웠다. 또 대만관이 워낙 성황을 이루는 바람에 별로 효과도 없어 보였다. 오히려 중국 출판사들이 정상적으로 참여해 타이완 출판사들과 나란히 경쟁했다면 이번에 이토록 전례 없이 타이완과 타이완의 문화가 관심의 초점이 되는 일은 없지 않았을까. 내 느낌에 이번 서울국제도서전에서 타이완은 중국을 대체했다. 점점 집단화되고 폐쇄적으로 변해 우리 시야에서 멀어지는 중국 문화의 빈자리를 자유롭고 소수자 지향적인 타이완 문화가 차지해 가고 있었다. 더구나 얄궂게도 때로는 동일한 '중국 문화'라는 이름으로 그랬다.

우리나라 사람들은, 심지어 늘 책을 가까이하는 독서인들조차 중국 문화와 타이완 문화를 구분하지 못하고 또 구분하는 데 익숙지 않다. 나는 이런 현상을 한 달 전 연남동 어느 독립서점에서 열린 독서 모임에서도 확인한 바 있다. 그때 사람들이 읽고 토론한 책은 타이완 여성 작가 등구운의『조연 여배우』(글항아리, 2025)였다. 한 여배우가 평생 삶에서도, 무대에서도 조연 역할에 머물면서도 끈질기게 자기 내면을 다지며 자신과 직업의 가치를 성찰하고 발현해 가는 과정을 그린 이 소설을 보고 모두 상당한 감정이입을 통해 감동을 맛보았다. 그런데 어떤 분이 루쉰과 라오서 그리고 찬쉐의 작품을 읽었던 경험과 이 작품을 연결하며 '중국 문학'의 저력을 확인할 수 있었다고 이야기했다. 그때 나는 조심스럽게 "중국 문학과 타이완 문학을 구분해 주세요. 우리가『조연 여배우』의 주인공에게 쉽게 감정이입할 수 있는 건 이 작품이 타이완 문학이기 때문이에요"라고 말했다. 물론 더 자세히 말할 수도 있었다.

"고전문학은 굳이 중국과 타이완을 구분할 필요가 없지요. 하지만 현대에 들어와서는 달라요. 루쉰과 라오서는 1920-1940년대 대륙에서 활동한 작가들이에요. 당시 타이완은 일본 식민지라 공식 언어가 일본어였어요. 서면어도 당연히 일본어였고요. 중국어로 표기된 창작물로 문단과 독서계가 활발히 돌아갈 환경이 아니었죠. 1949년 이후, 국민당이 공산당에 패배해 많은 군인과 그들의 가족이 타이완으로 이주하고 장제스 정부에 의해 '표준 중국어'가 타이완의 공식 언어가 된 후에야 비로소 오늘날과 같은 타이완 문학이, 중국어로 써지고 읽히는 문학이 싹텄죠. 하지만 그래도 루쉰과 라오서는 읽히지 못했어요. 공산주의 중국의 작가라고 낙인찍혔기 때문이에요. 장제스와 그의 아들 장징궈의 독재가 끝나고 민주화가 시작된 1988년 이후에야 해금되죠. 그러면 찬쉐는? 찬쉐는 또 1980년대부터 본격화된 현대 중국 문학의 발전선상에 있어요. 찬쉐와 동시대 중국 작가들의 작품에는 1940년대 항일전쟁과 국공내전 그리고 1950년대 이후의 반우파 투쟁, 문화대혁명 같은 중국 현대사의 정치·군사적 사건과 그로 인한 국민 생활의 파란만장한 변천이 반영돼 있어요. 아주 독자적인 특성이 있죠. 그러면 타이완 문학은 어떠냐고요? 타이완은 한국과 쌍생아 같은 역사 시기를 겪어왔어요. 일제 강점, 반공 독재, 미국의 원조, 압축적 근대화, 민주화 등의 과정이 다 똑같아요. 그래서 우리가 볼 때 작품의 문학적 아우라가 낯설지 않고 실제로도 1992년 한중 수교 이전에는 우리나라와 가장 가까운 나라였죠. 오죽하면 1975년 장제스 총통이 죽었다고 우리나라 사람들이 다 애도했겠어요? 어쨌든 현대 중국 문학과 타이완 문학을 뭉뚱그려 하나로 혼동하면 안 돼요. 중국 문화와 타이완 문화는 더더욱 그래야 하고요. 양자는 서로 별개예요.”

이런 설명은 너무 길고 정보량도 많다. 그래서 사람들을 지루하게 만들까 봐 그 자리에서 말하지 못했다. 어쨌든 거기 있던 사람들도, 다른 일반적인 우리나라 사람들도 결국에는 중국 문화와 타이완 문화를 구분하지 못할 것이다. 그래서 때로는 타이완 문화를 논하면서 실제로는 중국 문화를 말하고, 때로는 중국 문화를 논하면서 실제로는 타이완 문화를 말할 것이다. 전자는 중국이 ‘중공’으로 불리며 우리의 문화적 시야에서 배제되었던 한중 수교 이전의 현상이었고(당시 우리에게 중국은 ‘자유중국’, 즉 타이완이었다), 후자는 전반적인 혐중 추세 속에서 상대적으로 해외여행과 문학을 통해 타이완이 각광받고 있는 지금의 현상이다. 내가 위에서 오늘날 타이완 문화가 ‘중국 문화의 이름으로’ 중국 문화의 빈자리를 차지하고 있다고 한 건 바로 이런 배경을 갖고 있다.

하지만 중국 문화와 타이완 문화를 구분해야 한다는 건 어디까지나 제삼자인 한국인으로서의 내 견해임을 밝혀 둬야겠다. 만약 중국인 친구에게 이 견해를 말하면 쓸개라도 씹은 듯한 표정으로 "타이완은 중국의 일부야! 그러니까 타이완 문화는 중국의 다양한 지역 문화의 하나일 뿐이라고" 하며 반박할 것이다. 여기서 내가 재반박하는 건 금물이다. 그들은 너무나 철두철미하게 애국 교육을 받아서 통일 문제에서만큼은 성찰도 양보도 없다. 이어서 타이완 친구에게 말하면 기본적으로 동의는 하겠지만 한국인들 사이에서 중국 문화와 타이완 문화가 혼동되는 현상에 대해서는 불만이 많을 것이다. 가능하든 가능하지 않든 그들 대부분은 민주주의 타이완의 완전한 독립을 꿈꾸기 때문이다.

한편 타이완 문화가 중국 문화를 대치하는 현상과 관련해 시야를 좁혀 최근 3년간 중국 소설 출판 분야(고대 소설과 1949년 이전의 근대 소설은 제외)에서 일어난 움직임을 살펴보기로 하자. 2023년 1월부터 2025년 8월 현재까지 웹소설을 제외하고 국내에 출판된 중국 소설의 종수는 대략 24종, 그리고 타이완 소설의 종수는 26종이다. 이렇게만 보면 중국 소설과 타이완 소설의 국내 영향력이 엇비슷하게 느껴지지만 따로 2가지 변수를 고려해야 한다. 첫 번째 변수는 중국 소설 24종 중 12종이 중국 정부에서 매년 선정하는 '해외번역지원금' 프로젝트의 산물로 보인다는 것이다. 이 지원금 프로젝트의 총 규모는 연 700억 원 정도이며 80퍼센트 정도가 중국 정부와 공산당의 여러 정책을 홍보하는 정치, 사회과학 도서의 해외 번역 출판에 지원되며 20퍼센트만 순수 학술, 문학 도서에 지원된다. 간단히 말하면 3년간 한국에서 출판된 중국 소설 중 절반이 만약 지원금이 없었으면 출판되지 못했을 책이라는 것이다.

다음 두 번째 변수는 한국 독자들의 호응을 얻어 의미 있는 판매 부수를 기록한 책은 대부분 타이완 소설이라는 점이다. 중국 소설 중에도 옌롄커, 찬쉐, 펑탕 등 역량 있는 작가들의 좋은 작품이 많았지만 거의 한국 독자들의 눈에 들지 못했다. 하지만 타이완 소설은 천쉐의 『악녀서』(글항아리, 2025), 『마천대루』(인플루엔셜, 2025), 장자샹의 『밤의 신이 내려온다』(민음사, 2025)가 비교적 호응을 얻었으며 특히 천쓰홍의 『귀신들의 땅』(민음사, 2023) 같은 경우는 무려 13쇄를 찍을 정도로 화제가 되었다. 중국 소설과 타이완 소설의 이런 대조적인 상황은 기획과 번역 현장에 있는 번역가들에게 한층 선명하게 체감된다. 현재 외국 소설을 내는 한국 출판사들은 좋은 타이완 소설을 찾는 데 열심이지만, 중국 소설에는 큰 관심이 없다. 혐중의 사회적 분위기도 문제이지만 오늘날 타이완 소설에 비해 중국 소설이 내용과 스타일, 양쪽에서 한국 독자들의 공감을 얻기가 어렵고 눈에 띄는 신진 작가가 드물다는 게 가장 큰 원인이다. 우리 독자들에게 생각 나는 중국 작가가 누구냐고 물으면 여전히 루쉰이 제일 먼저 거명되고 그다음은 위화와 모옌이다. 하지만 『아Q정전』의 루쉰은 이미 1930년대에 사망했고 『인생』, 『허삼관 매혈기』의 위화와 『붉은 수수밭』의 모옌은 각기 60대와 70대다.

서울국제도서전 기간에 타이완 출판인 십여 명이 파주출판도시를 방문한 적이 있다. 그때 파주출판도시문화재단의 비상임이사 자격으로 그들과 몇 가지 문답을 나누었는데, "왜 타이완 소설이 한국에서 인기를 얻고 있지요?"라는 질문이 들어왔다. 나는 자세한 대답 대신 함축적으로 "한국 독서계에 생긴 중국 소설의 빈자리를

타이완 소설이 파고들었습니다"라고 답했다. 그때 타이완 출판인
들은 일제히 폭소를 터뜨렸다. 그들은 내 말을 어떻게 이해했을까?

서리북

김택규
중국 현대문학 박사이자 전문 번역가. 중국 현대소설 시리즈 '묘보설림'을 기획한 바 있고, 『논어를
읽다』를 포함해 양자오의 중국 고전 강의 시리즈 대부분을 번역했다. 『번역가 되는 법』과 『번역가 K가
사는 법』을 썼고, 『아Q정전』, 『나 제왕의 생애』, 『책물고기』 등의 문학 작품을 비롯한 60여 권의 책을
우리말로 옮겼다.

생태 문명 고전,『삼국유사』

우석영

1.

어김이, 없었다.

6월 초입이 되자 올여름은 다를까, 라는 의문이 머릿속에서 몽글몽글 일었다. 6월 말이 되자 은박을 긁으면 나오는 숫자처럼 답이 드러나기 시작했다. 역시나, 어김이 없었다.

그러나 상황은 예년보다 나빴다. 올해는 '괴물 폭우'라는 신조어가 등장했는데, 수재로 인한 사망자와 실종자가 28명이 넘는 것으로 확인되었다. 불행히도 우리는 이런 숫자에 거의 놀라지 않는다. 인간이 부리는 동물들도 죽어 나갔는데, 그 개체 수가 무려 178만이었다. 178만이라는 숫자에는 조금 놀라야 하지 않을까? 하지만 '폐사'라는 단어가 이 경이의 감각을 이번에도 억압했다. 희생자들은 포유류이거나 조류였는데, 인간이 아니라 인간의 물건이기에 (그 죽음을) 폐사라고 불렀다. 폐사이지 사망은 아냐. 악마의 속삭임이었다.

농작물 침수 규모는 약 3만 헥타르로 정리되었다. 3만 헥타르라면 어느 정도일까? 이 면적을 200평짜리 논으로 환산해 보니,

45만이라는 숫자가 나왔다. 논 45만 개가 침수된 것이나 마찬가지라는 말이었다. 200평짜리 45만 개의 논밭에 모를 심거나 씨앗을 뿌렸던 그 시간과 노동의 총량은 얼마나 될까? 무상하도다, 그곳에서 식물들이 봄부터 여름까지 살아낸 시간이여. 그러나 농지의 피해는 농민이나 농작물의 피해로만 환원해서 언급할 수 없다. 농지 자체가 무수한 생물들의 보금자리이기 때문이다. 갑자기 불어난 급류에 휩쓸려 집을 잃어버렸을 숱한 미소 동물들은 애당초 우리의 관심 대상조차 아니다. 서글픈 일 아닌가.

대단한 과학이 필요할 것도 없이, 바다와 대기의 뜨거운 열기가 가열된 지구를 알려 주고, 이런 죽음의 원인을 말해 준다. 그리고 우리는 지구 가열화의 원인 또한 너무도 잘 알고 있다. 심지어 우리는 그 원인이 되는 우리의 행동을 바꿔야 한다는 것조차 너무도 잘 알고 있다. 그러나 그러면서도 우리는 우리의 행동을 바꾸는 것만은 늘 망설인다.

그러니까 한편에는 증대하는 죽음이, 다른 한편에는 그 죽음을 유발하고 부추기는 '사실상의' 무행동이 있다. 그러나 이 메커니즘을 설명하려면 하나가 더 추가되어야 한다. 죽음과 죽임의 단순 메커니즘 따위는 존재하지 않는다. 인간에게는 양심과 윤리라는 것이 있기 때문이다. 탄소 중립, 전기차, ESG 같은 것은 그렇게 하여 창안되었다. 기후 테크라는 개념 역시 마찬가지다. 조금만 기다려, 머지않아 테크놀로지가 우리를 구원할 거야. 이런 어리석은 말을 우리는 우리 자신의 귀에 흘려 넣고는 안도한다. 바로 이러한 플랜과 안도 덕분에 일상에서 우리는 다시금 무행동의 길을 선택할 수 있게 된다. (욕망이 이성을 또 이겼다!) 그리하여 재난의 해 2025는 재난의 해 2026이 되고, 악순환은 계속된다…….

2.

이 악의 궤도에서 벗어나는 길은 오직 하나, 문명 감각(문명감)을 재발명하는 길뿐이지 않을까. 지금 나는 이 말을 하려고 한다. 문명 감각이란, 문명다움이나 인간다움이 무엇인지에 대한 감을 말한다. 문명이란 인간이 자연력이라는 외력에 대항해 제 생존과 정신적 만족(번영)을 성취하는 방식을 일컫는 말이다. 그러니까 문명이란 지구 위에서 인간이 존재하는 양식에 다름 아니다. 지구가 만들어 낸 이 특별한 존재 양식은 인간에게는 상식적인 것으로 전수되는 것이자 정신에 내재화되는 것이기에, 이것 없이 그 어떤 인간도 살아가지 못한다/않는다. 예컨대 우리는 실내의 용변기에 앉아서 볼일을 보고, 그릇이라는 석물(石物) 위에 음식을 놓고 먹고, 누군가와 만날 때 옷을 착용하는 것이 그렇게 하지 않는 것보다 낫다고 여긴다. 무당벌레나 혹등고래에게는 낯설 이 선호 감각은 좋음이나 품위에 대한 감각에 다름 아닌데, 인간다움에 대한 감각이라고 해도 된다. 물론, 이 감각의 배면에는 우주에서 인간은 어떤 존재인가에 관한 생각, 인간의 자기 정체성이 똬리를 틀고 있다.

이른바 근대 문명은, 극단적인 문명 감각이 질주한 시대였다. 무균성, 무제한의 생산과 이익, 무제한의 삶(영원한 젊음), 기술 편리와 기술 개선, 트랜스 휴먼과 동안, 최신과 고속을 선호하는 감각. 그런데 이러한 자연 탈주 선호 감각은 질병과 고통, 장애와 죽음(유한), 비생산적인 야생, 쓰레기, 제한적 삶, 옛날 기술, 얼굴 주름, 낡음과 느림을 견디지 못하는 감각과 늘 하나였다. 전자의 얼굴을 뒤집으면 후자가 나왔다. 근대 문명을 움직인 궁극의 네비게이터는 인간 중심주의와 이원론(이원주의), 기계론적 유물론(또는 물리주의)과 과학기술 진보론(무제한의 진보주의)이었는데, 바로 이것들이 저 극단의 선호 감각을 바람직하고 좋은 것으로 승인해 주었다. 그런 점에서 이 이데올로기들은 무서운 승인자들이었다. 그러나 단순한 승인자들은 아니었다. 우리의 마음과 삶을 송두리째 지배한 지배자들이기도 했으니 말이다. 이들은 너무도 오래, 부당하게 우리를 통치했다.

이 오래된 지배자들을 어떻게 쫓아낼 수 있을까? 비근대적 문명 감각을 낳을 새로운 승인자는 무엇일까? 비근대적 문명 또는 생태적인 문명은 어떤 규범으로 가능할까?

기후 과학자들의 말처럼, (과다 추가된) 온실가스가 핵심 문제다. 그건 부동의 사실이다. 하지만 이 가스는 저 극단의 문명 감각을 내면화한 특정한 인간형의 독기로 이해되어야 한다. 근대인과 그 독기는 지금 (지구에) 너무 꽉 차 있다. 또는 근대인의 힘과 위세는 지금 (기술력이라는 형태로, 지구에) 지나치게 팽창해 있다. 그렇다면 지구의 또 다른 주인공들이지만 근대 세계의 주변부에 밀쳐져 있던 존재들에게 그간 근대인이 차지하고 있던 '자리를 내주는 것', 즉 비인간과 주변부 인간을 '이곳에 수용하는 것'이야말로 새로운 시작의 규범이어야 하지 않을까. 지구와 그들의 존재 목적을 인정하고, 지구와 그들의 존재 양식과 요구에 귀 기울이고, 그것에 조응해 삶과 번영의 원칙을 다시 세우는 길 말이다(이를테면 무안공항 참사를 생각해 보라.

그곳을 찾는 철새들의 존재 목적을 인정하지 않고, 그들의 존재 양식과 요구에 귀 기울이지 않은 결과가 아니면 무엇인가). 그리고 그 길은 인간의 새로운 정체성을 발명하는 길이기도 할 터이다.

3.

생태 문명이라 하면, 얼핏 생경하고 어렵게 들린다. 그러나 그것은, 문명이란 오직 생태 파괴로만 가능하다는 근대적 문명 감각에 찌들어 있기에 나오는 반응일 뿐이다. 인간이 그간 차지해 온 자리를 비인간 존재들에게 조금씩 내어 주자는 발상 역시 인간 우월주의를 고수하는 이에게는 되지 않는 소리일 뿐이다.

그러나『삼국유사』의 이야기를 읽고 자란 이거나『삼국유사』에 흐르는 정신에 물든 이라면 반응이 다르지 않을까. 아니, 달라야 하지 않을까.『삼국유사』에는 생태 문명의 규범을 빚어낼 또는 그 기초가 될 만한 사고와 정서가 면면히 흐르고 있기 때문이다. 사실 한국인은 생태 문명을 열 정신적 힘을 외국에서 빌려올 필요가 없다. 신유물론, 객체지향 존재론 같은 것도 참고할 만한 철학이지만 이 땅에 필요한 필수물은 아니다.

『삼국유사』에 슴배어 있는 오래된 생태 문명적 비전, 그 빛나는 한 예를 나는 원광법사 에피소드에서 알아본다. 이야기는 이러하다.

어느 날, 원광법사에게 두 선비(귀산과 추항)가 찾아와서는 삶의 계명을 묻는다. 스님, 어찌 살면 잘 살 수 있을까요? 원광의 대답은 오늘날 '화랑도 세속오계'라고 불리는 바로 그것인데, 그 마지막 항목이 살생유택(殺生有擇)이다. 생물을 죽일 때 가려서 죽여라. 바로 그 말이다. 찾아온 두 사람은 반문한다. 앞의 네 가지는 전부 알겠는데, 다섯 번째 말씀은 도무지 무슨 말인지 모르겠습니다. 가르침을 주십시오. 그리하여 원광은 길을 알려 준다. 귀산과 추항만이 아니라 오늘의 우리에게도! 첫째, 때를 가려라. 재 올리는 날, 봄과 여름에는 죽이지 마라(춥지 않으면 육식은 하지 마라). 둘째, 말과 소와 닭과 개 같은 부리는 동물은 죽이지 마라(집에서 같이 사는 것은 죽이지 마라). 셋째, 사소한 것들은 죽이지 마라(죽여야 하겠거든 꼭 필요한 것만 죽여라).

문명이라는 물건을 한마디로 요약하면 살생유택이라고 할 수 있다. 살생하지 않으면 생존 자체가 불가능하다. 약 10억 년 전 지구에 나타난 종속 영양 생물의 후손인 인간에게 살생은 삶의 기본값이다. 관건은 무제한(무택)의 살생이냐, 유제한(유택)의 살생이냐일 뿐이다. 후자가 문명이다. 즉, 살생유택(특정 규범을 갖춘 살생)이 문명이다. 그러나 무엇이 유택이냐에서 갈림길이 또 하나 나온다. 귀산과 추항의 질문은 정당하고 긴요하다. 원광법사가 들려주는 유택의 기준 또는 규범에서 우리는 생태 문명 규범의 원형을 읽어 낸다.

원광법사의 유택론과 그 정신은 실로 오래도록 이 땅에 전해진, 그러나 우리가 잃어버린 보석이다. 7세기 신라 승려의 이 생각은, 기본적인 인간 복지의 필요는 충족하되 지구적 생태 한계 안에서만 그것을 충족하자는 어느 21세기 UK 경제학자의 생각과 일정하게 조응한다. 하지만 그러면서도 동시에 그 생각을 넘어선다. 원광법사가 말한 유택의 한계 감각은 비인간 동료들의 삶을 그 자체로 존중하며 그들과 최대한 어울려 살아가는 인간다움과 품위와 행복을 함축하기 때문이다.

4.

『삼국유사』는 여러모로 흥미로운 책이다. 다 그런 것은 아니지만 상당수의 K-드라마, K-영화는 공통의 수원지에서 이야기와 언어를 뽑아 올린다. 이를테면 귀신이나 원한귀라는 것은 실재하고, 원한귀를 제압할 영적 힘도 실재하며, 무당이나 도사가 그런 힘을 지니고 있다는 생각. 또는 땅마다 좋은 기운과 나쁜 기운이 있다는 생각. 그러니까 이런 류의 생각들이 그 수원지를 채우고 있다.『삼국유사』는 이 땅에 이런 생각들이 까마득한 옛날부터 흘러내려 왔고, 그것이 일종의 공통의 수원지를 이루었음을 방증한다.

『삼국유사』의 놀라운 특색은 환상 동화집에나 나올 법한 갖가지 기이한 이야기와 '엄근진스러운' 역사 서술이 아무렇지도 않게 뒤섞여 있다는 것이다. 일연(一然)은 언뜻 허무맹랑하게 들리는 괴담과 드라이한 역사적 사실을 두 계열의 상이한 담론으로 취급하지 않는다. 그러니까『삼국유사』의 이야기장(story field)에서는 동물은 말할 것도 없고 나무와 돌, 구름과 비, 햇빛과 무지개, 구슬이나 귀신 같은 것도 힘과 영(靈)이 있는 존재로 등장한다(용이나 산신령, 도력 높은 승려의 초능력은 기본이다). 말이나 범이 젖먹이에게 젖을 먹이는가 하면, 자라는 도망자가 물을 건너게 길을 만들어 주고, 쥐와 까마귀는 인간의 언어로 인간을 안내해 준다. 개, 돼지도 특별한 알을 알아보고, 말이나 소는 돌연 인간 앞에서 우는데, 어떤 새는 과일을 물어다가 바친다. 무생물의 능력도 결코 만만치 않다. 어떤 돌은 저절로 뜨거워지고 어떤 바위는 사람을 일본 땅으로 순식간에 옮겨 준다. 어떤 피리는 거친 물결을 잠재우는가 하면, 어떤 지팡이는 저절로 움직여 도착해야 할 곳에 도착한다. 신령, 신력은 무생물들에게도 잘 통한다.

이 비인간 존재자들은 인간 세계의 사건에 등장하는 조연 배우들인데, 사실 놀라운 것은 이들의 행태보다도 이들이 서술되는 방식이다. 이들은 아무런 사전 암시나 부연 설명 없이, 태연하게, 무턱대고 (이야기에) 등장한다. 그렇다는 것은, 이 '전해진 (기이한) 사건(遺事)' 이야기가 그들이 보기에 대단한 픽션(창작물)이 아니었음을 시사한다. 즉, 그 판타지에는 저작권자가 없었다. 그 정도 이야기는 모든 이가 공유한, 보이지 않은 실재에 대한 상상적 믿음이자 앎이었기 때문이다. 그러니까 그 상상적 믿음과 앎은 일종의 공통장(commons)이었다. 인간이 있고 그다음에 이 믿음과 앎이 있었던 게 아니다. 이 공통장, 이 거대한 이야기 산실에서 새로운 세대가 자라났다(인간은 이처럼 귀신스러운 존재물이다). 그리고 이 믿음과 앎은 일종의 상식이었기에 언제든 문장과 이야기에 틈입할 수 있었다.

이 상식에 따르면, 우주의 사물들, 저승과 이승의 존재가 모두 의미 있는 행위자였고 정신적 주체였다. 우주 만물, 여러 시간계의 물질이 살아 있는 존재, 영적인 존재, 행위성의 주체라는 생각을 생령론(생령주의, 애니미즘)이라고 부른다. 생령론의 의미장에서는 인간과 귀신과 상상 존재와 비인간 존재가 평평한 존재 지평(존재 위계 없는 지평)에서 활동하는데,『삼국유사』는 바로 이 생령론적 사고가 삼한 땅의 기본적인 사고였음을 시사한다. 저 살생유택의 윤리도 생령론적 사고와 감성이 보편적이던 시대의 산물이다.

그렇다면 이 글의 주장은,『삼국유사』가 한국의 애니미즘을 잘 보여 주고, 애니미즘이야말로 생태 문명의 규범이라는 것일까?『삼국유사』같은 진귀한 책을 문화 유산으로 지닌 한국인이야말로 생태 문명을 일으킬 만하다는 것일까?

생령론(animism)은 원시적인 범심론(panpsychism)이다. 생령론은 한국에만 고유한 사상-앎의 체계가 아니다. 생령론(그리고 다양한 형태의 범심론)은 차라리 전 세계에서, 근대 철학이 지배적이지 않은 시공간 전체에서 근대 철학을 포위하고 있었다. 그러나 생령론은 어디까지나 '원시적인' 사고이므로, 지금 우리에게는 무가치한 것일까? 당대의 범심론은 최신의 과학과 논증에 기반한 철학으로서 원시적인 사고가 전혀 아니지만, 고대로부터 내려온 생령론적 사고와 어떤 식으로든 이어진다.『삼국유사』에서 쉽게 알아볼 수 있는 이 땅의 생령론은 그 자체로 존중되어야 한다. 하지만 동시에 그것은 오늘의 과학과 조화로운 새로운 언어의 옷을 입는 것이 좋겠다. 그 언어의 이름은 다름 아닌 범심론이다.

『삼국유사』에는 이런 말들을 자아내는 오래된 빛이 있다. 그 빛은 이상하게도 새벽빛이다. 서리북

우석영

철학자. 작가. 배곳 산현재(傘玄齋), 한신대 생태문명원, 생태적지혜연구소 협동조합, 생명학연구회 등에서 활동하고 있다. 지구철학, 우주론, 범심론, 생태×돌봄 사회, 포스트휴먼 예술 등에 관심을 두고 있다.『불타는 지구를 그림이 보여주는 것은 아니지만』,『동물 미술관』,『철학이 있는 도시』, 『낱말의 우주』,『기후 돌봄』(공저, 엮음),『기후위기행동사전』(공저),『걸으면 해결된다 Solvitur Ambulando』(공저) 등을 썼다.

지금
읽고 있습니다

[편집자] 〈지금 읽고 있습니다〉에서는 전국의
동네책방 책방지기들이 '지금 읽고 있는 책'을
소개한다. 참여해 주신 김병록, 김창남, 신의주, 율,
이재향, 허지수 님께 감사의 말을 전한다.

『우리가 숲이 되기까지』
이애란·임완준·유기상
지음, 쿠쿠루쿠쿠,
2025

'로컬'에 대한 담론마저
서울과 수도권이
가져가 버린 지금,
농촌에서 꽃피는 진짜
사람과 자연의 힘이
무엇인지 알게 하는
책. 로컬은 책상물림이
아니며 현장이다.
관찰의 대상이 아니라
치열한 삶이다. 농촌의
청년들은, 문화예술
활동가들은, 지금
고군분투 중이다.

숲속작은책방
대표 김병록
(충북 괴산)

『홀』편혜영 지음,
문학과지성사, 2016

교통사고 후 사지가
마비된 주인공 오기는
어쩌면 독자가 아닐까?
오기가 움직일 수 있는
것이 겨우 눈동자와
손가락인 것처럼,
독자 역시 눈동자로
글을 읽고 손가락으로
페이지를 넘기는 것
말고는 할 수 있는 것이
없다. 외부 세계와
오기가 동떨어져
있듯이 일련의 사건을
보며 독자는 아무
것도 할 수 없다. 그저
지켜보면서 속으로
욕하거나, 공감할 뿐.

사소한 책방
책방지기 김창남
(대구 서구)

『이 책은 신유물론이다』
심귀연 지음, 날, 2024

기후위기를 둘러싼
논의는 흔히 인간을
중심에 두고 '무엇을
어떻게 할 것인가'라는
실천적 과제에
집중해 왔다. 그러나
신유물론적 사고는
문제를 인간의 주체적
행위에만 한정하지
않고, '무엇이 함께
작동되고 있는가'라는
질문을 통해 사유의
지평을 확장시킨다.
이러한 전환은
인간을 포함한 모든
물질 존재를 다양한
행위자와 얽히고
연결된 존재로
인식하게 하며,
혼종적 존재로서의
감각을 기르는 철학적
가능성을 제시한다.
이 책은 난해하게만
여겨지던 신유물론을
대중적 감각으로
풀어내, 독자가 새로운
사유의 길을 걸을 수
있도록 안내한다.

어나더페이지
책방지기 신의주
(제주 모슬포)

『명랑한 이시봉의 짧고 투쟁 없는 삶』 이기호 지음, 문학동네, 2025

제목부터 이기호 작가만의 유쾌함이 묻어난다. 반려견과 함께하는 이들이라면 누구나 공감할 교감과 사랑이, 명랑하고 의심도 적의도 없는 '이시봉'과 그로 인해 벌어지는 에피소드 속에 담겨 있다. 작가는 이를 역사와 함께 드라마틱하게 풀어내며, 우리 곁에 있을 법한 든든한 가족과 친구를 더욱 단단히 묶어 주는 매개체로 그려낸다. 따뜻하고, 해피 엔딩이 좋은 책. 그래서 모든 반려인에게 권하고 싶은 이야기다.

창신책방
책방지기 율
(서울 종로)

『기후위기 시대에 춤을 추어라』 이송희일 지음, 삼인, 2024

자본주의는 고립을 먹고 산다. 이 책은 자본의 필요에 의해 땅과 사람을 재단하고 착취한 결과를 다양한 사례로 보여 주는 책이다. 그리하여 이 책은 말한다. 자본에 빼앗긴 공동의 도로에서 사람이 죽는 것을 당연시하지 않을 것, 가난과 재난을 개인화하지 않을 것. 그리고 호주 건설노동자 연맹과 로컬 여성들의 연대를 통해 연대가 얼마나 아름답게 서로를 살리는지도 보여 준다. 그렇다면 기후위기의 해법은? 우리 모두의 경험치가 그러하듯이 자본주의는 희망이 될 수 없다. 이 책은 상상력을 발휘할 때라고 말한다. 재미있고 신나는 상상을.

비니루없는점빵
책방지기 이재향
(전북 남원)

『동네 공원에서 새 관찰하기』 조병범 지음, 현북스, 2024

이 책을 통해 동네에 같이 살아가는 익숙하지만 낯선 생명체, '새' 라는 동물에게 더 관심을 가지게 되었다. 멍하니 창밖을 바라보다가도, 순식간에 날아가는 새를 발견하면, 크고 작은 호기심이 생긴다. 나와 같은 공간과 지역에서 살아가는 다른 생명체와의 공존을 고민해 본다.

오후서재
서재관리자 허지수
(경기 고양)

신간
책꽂이

이 계절의 책
2025년 가을

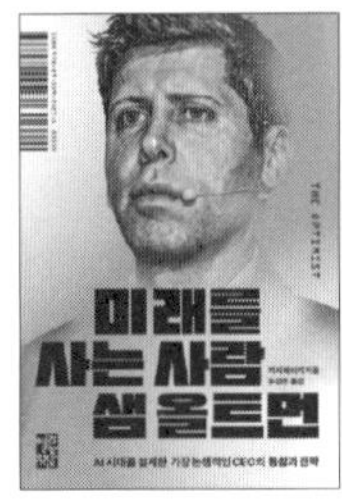

[편집자] 〈신간 책꽂이〉에는 최근 발간된 신간 가운데 눈에 띄는 책을 골라 추천 이유와 함께 소개한다. 이 책들의 선정과 소개에 도움을 주신 분들은 다음과 같다.

김경영(알라딘 인문·사회과학·과학 MD)
손민규(예스24 인문·사회정치·자연과학 PD)
한지수(교보문고 인문 MD)
(가나다순)

『마침내 특이점이 시작된다』 레이 커즈와일 지음, 이충호 옮김, 장대익 감수, 비즈니스북스
20년 전 『특이점이 온다』에서 컴퓨터가 인간 지능을 따라잡을 것이라 예측했던 레이 커즈와일은 이제 새로운 20년을 내다보며, AI와 뇌를 공유하는 신인류라는 미래를 전망한다.(한지수)

『먼저 온 미래』 장강명 지음, 동아시아
장강명은 AI의 시대를 먼저 받아들인 바둑계를 들여다보며 앞으로 AI에 습격당할 다른 분야의 모습들을 예측해 보려 한다. 막을 수 없는 미래, 매서운 취재. 서늘하고 소름 돋는 이야기.(김경영)
사진 발명 이후 화가들이 초상화가라는 이름과 이별했듯, AI 시대의 예술가들도 새로운 이름을 찾아야 한다. 바둑계에 '먼저 온 인공지능'이 바꾼 풍경을 통해 인간다움에 대한 질문을 던지는 책.(한지수)

『미래를 사는 사람 샘 올트먼』 키치 헤이기 지음, 유강은 옮김, 열린책들
이미 인공지능은 우리 삶을 바꿨다. 샘 올트먼의 삶과 사유를 이해해야 할 이유다. 그의 삶에서 인상적인 순간은, 루프트를 팔고 재충전할 때였다. 무얼 했을까? 그는 책을 읽었다.(손민규)

 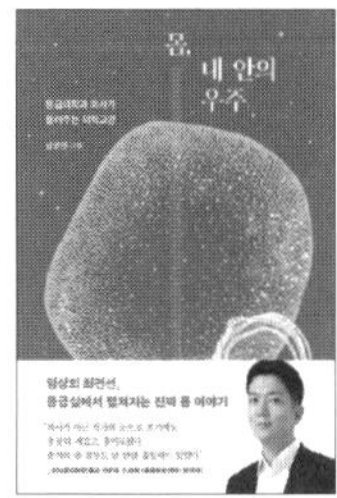 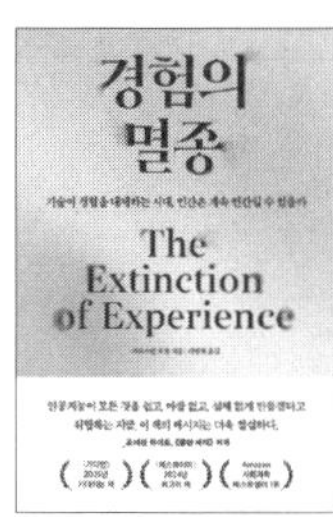

『불멸의 유전자』 리처드 도킨스 지음, 야나 렌조바 그림, 이한음 옮김, 을유문화사
죽음들의 흔적들이 새겨진 미완성 작품이 생명이다. 다양한 생명의 진화 과정을 검토하며, 각 사건이 유전자에 새겨지는 과정을 분석했다. 삶과 죽음이 교차하며 만들어 낸 대서사시.(손민규)

『몸, 내 안의 우주』 남궁인 지음, 문학동네
응급의학과 전문의로서 응급실에서 마주한 다양한 장면과 인간 몸에 관한 과학적 지식을 교차하며 써 내려간 매혹적인 기록, 삶과 죽음, 생명에 대해 던지는 묵직한 화두.(손민규)

『먹는 욕망』 최형진·김대수 지음, 빛의서가
우리는 나쁜 음식을 먹는다. 대부분 알고 있다. 우리가 쓸데없이 많이 먹고 있다는 사실을, 그럼에도 왜 다이어트는 계속 실패할까. 뇌과학과 의학에서 살길을 모색해 본다.(손민규)

『경험의 멸종』 크리스틴 로젠 지음, 이영래 옮김, 어크로스
현대인의 삶에 타인과 소통하는 시간이 비집고 들어갈 틈이 없다. 이대로 괜찮을까? 진짜 세계와 가상 공간 사이의 경계가 사라진 21세기, 잃어버린 인간다움을 되찾아야 할 때다.(손민규)

『편안함의 습격』 마이클 이스터 지음, 김원진 옮김, 수오서재
우리의 불안과 권태는 편리해진 삶 탓 아닐까? 다양한 연구 결과와 사례를 바탕으로 현대 문명의 모순을 분석했다. 이 책이 여타 문명 비판과 다른 점은, 문체가 웃기다.(손민규)

『납작한 말들』 오찬호 지음, 어크로스
『우리는 차별에 찬성합니다』를 쓴 사회학자 오찬호가 차별과 폭력을 단단하게 굳히는 능력주의의 언어를 탐구한다. '누칼협', '참교육', '팩폭'은 어떻게 사회를 찌그러뜨려 왔는가?(한지수)

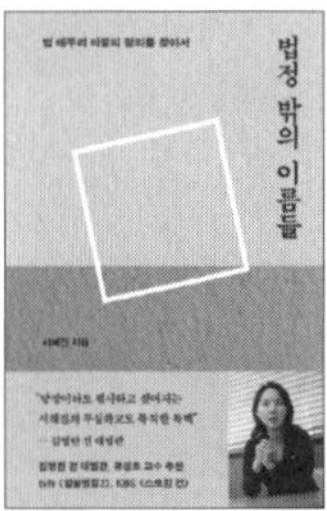

『당신은 하마스를 모른다』 헬레나 코번·라미 G. 쿠리 지음, 이준태 옮김, 팔레스타인평화연대 감수, 동녘

이스라엘과 팔레스타인의 분쟁 한복판에 이슬람 무장 정파 '하마스'가 있다. 이 책은 '테러 단체'로 압축할 수 없는 하마스를 다층적으로 설명하며, 이-팔 분쟁을 균형 있게 이해하도록 돕는다.(한지수)

『방치된 믿음』 이성원·손영하·이서현 지음, 바다출판사

〈퇴마록〉, 〈파묘〉, 〈케데헌〉……. 언젠가부터 '무속'이 힙한 문화로 소비되고 있다. 한국일보 탐사기획부 기자 세 명이 공동 집필한 이 책은 무속 범죄를 추적하며, 무속이라는 '방치된 믿음'이 지닌 위험성을 경고한다.(한지수)

『법정 밖의 이름들』 서혜진 지음, 흐름출판

폭력 피해자에게 필요한 건 경청이다. 고통으로 말을 잃어버린 사람에게 목소리를 찾아 주는 일이다. 이 책은 폭력, 학대 사건 피해자 곁을 지켜온 변호사의 기록이다.(손민규)

『도시 관측소』 김세훈 지음, 책사람집

다양한 사례로 도시의 번성과 실패를 분석한 이 책은, 개인이 어디서 일하고 살아야 하는가에서부터 우리가 어떤 나라를 만들어 갈 것인가에 이르기까지 중요한 질문을 던진다.(손민규)

디지털화는 일자리를 먹어 치우며 몸집을 키우던 도시라는 짐승을 예측불허의 날렵한 맹수로 탈바꿈시켰다. 이제 '접속'을 중심으로 재편된 새로운 도시의 모델을 만나 보자.(한지수)

『북메이커』 애덤 스미스 지음, 이종인 옮김, 책과함께

인쇄·제본·제지업자, 디자이너, 독립출판가 등 구텐베르크 이후 책의 역사를 만들어 온 18인을 소개한다. 책이 구닥다리 유물로 전락하는 것을 막기 위한 우리의 싸움도 언젠가 역사의 한 장면이 될까?(한지수)

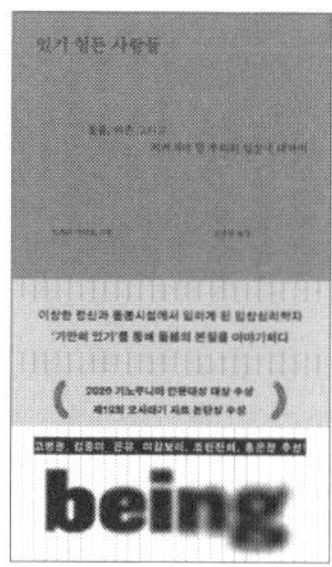

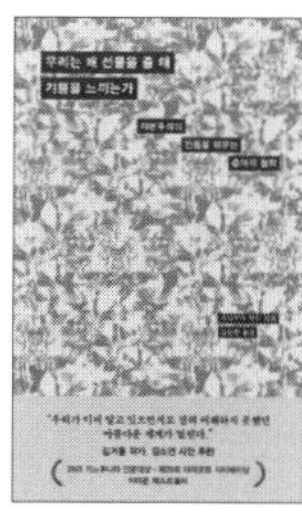

『찬란하고 무용한 공부』 제나 히츠 지음, 박다솜 옮김, 에트르

배움을 원수지게 만드는 교육 과정이 있는 한국에서 공부하는 사람으로 살아남는 건 만만치 않다. 배움의 즐거움을 찬미하는 이 책은 목적 없는 공부가 우리를 얼마나 충만하게 만들 수 있는지 말해 준다.(한지수)

『있기 힘든 사람들』 도하타 가이토 지음, 김영현 옮김, 다다서재

학술서를 소설이나 에세이의 형태로 쓸 수도 있다니. 애초에 논리의 영역을 벗어나 있는 돌봄이라는 주제에 그의 특별한 글쓰기는 완벽하게 어우러진다. 돌봄에 관한 필독서.(김경영)
임상심리학을 전공하고 주간 돌봄 시설에 취직한 저자에게 부여된 임무는 치료보단 돌봄이었다. 쉬운 일은 아니었다. 시간이 느리게 흐르는 곳에서 돌봄과 의존에 관해 사색한 기록.(손민규)

『청킹맨션의 보스는 알고 있다』 오가와 사야카 지음, 지비원 옮김, 갈라파고스

청킹맨션의 탄자니아인들은 서로 친하지만 깊이 믿지 않는다. 믿지 않아도 서로를 돕는다. 신뢰 없이 서로를 영원히 도움으로써 모두가 계속해서 살아갈 수 있는 이 모순적인 공동체는 어찌하여 가능한가?(김경영)

『우리는 왜 선물을 줄 때 기쁨을 느끼는가』 지카우치 유타 지음, 김영현 옮김, 다다서재

돈으로 모든 것을 계산하려 할 때 결코 이해할 수 없는 돈 밖의 세계에 대해 이야기하는 책. 대가 없는 증여에 관한 이야기를 읽다 보면 마음은 조금씩 맑아지고 시야가 다시 트인다.(김경영)

『무엇도 홀로 존재하지 않는다』 카를로 로벨리 지음, 김정훈 옮김, 쌤앤파커스

양자역학 물리학자의 에세이에서는 왠지 아스라이 빛나는 먼 것들을 말할 것 같지만, 의외로 카를로 로벨리는 현실 정치에 대해 거침없이 비판적이다. 연결과 평화를 말하는 굳센 글들.(김경영)

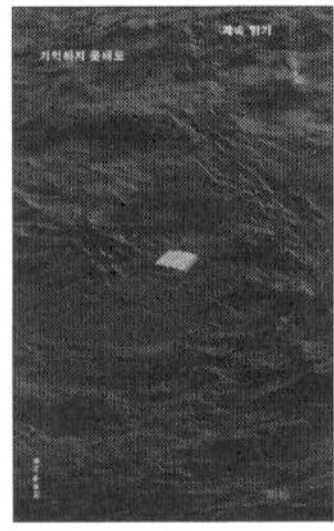  

『**치매에 걸린 뇌과학자**』 대니얼 깁스·터리사 H. 바커 지음, 정지인 옮김, 더퀘스트

평생에 걸쳐 수많은 치매 환자를 돌봐 온 의사가 어느 날 자신 역시 치매 환자가 되었음을 알게 된다. 불안하고 두려운 치매라는 길을 앞서 밝혀 줄 작은 등불 같은 책.(한지수)

『**뒷마당 탐조 클럽**』 에이미 탄 지음, 조은영 옮김, 코쿤북스

에이미 탄이 6년간 뒷마당에 찾아온 새들을 돌보며 관찰한 기록. 그가 관찰한 새들의 이야기는 신기하고 귀엽고 재미있지만, 그보다 더 사랑스러운 건 사실 에이미 탄 자신이다.(김경영)

『**계속 읽기**』 한유주 지음, 마티

읽기에 관해 한유주가 쓴 에세이의 모음. 읽기를 좋아하는 이라면 밑줄 긋고 나의 경험을 덧대 쓰고 싶은 문장들이 잔뜩이다. 자투리 시간에 언제 들춰도 곧바로 몰입할 수 있는 산뜻한 책.(김경영)

『**마지네일리아의 거주자**』 김지승 지음, 마티

여성적 읽기와 마지네일리아의 필연적 얽힘에 대하여. 여성의 읽기는 언제나 텍스트에 순응하고 저항한 흔적들을 남긴다.(김경영) 독립연구자인 김지승은 '책의 여백에 쓰는 글'을 뜻하는 마지네일리아에서 '여성적 읽기'의 공간을 발견했다. 작가를 따르고 부인하며 본문의 여백을 빼곡히 채우고 싶은 책.(한지수)

『**우리가 언제 죽을지, 어떻게 들려줄까**』 요하나 헤드바 지음, 양효실 외 옮김, 마티

만성 질환자, 신경다양인, 장애인, 논바이너리라는 저자 소개를 들으면 범상한 내용이 아니리란 짐작 정도는 가능하다. 그 기대를 실망시키지 않는 파괴적이고 지적이며 아름다운 문장의 향연.(김경영)

『**여자에 관하여**』 수전 손택 지음, 김하현 옮김, 윌북

사후 20년 만의 초역 에세이집. 50년도 더 전에 쓰인 글이지만 여전히 사무치게 유효하다. 그의 글은 지치지 않았고 낡지 않았으므로 현재의 우리에게 생생한 힘을 건넨다.(김경영)

당신은 어떻게
'그날들'을 견뎌냈나요?

우리를 다시 걷게 하는
황정은의 문장, 그 단단한 감동

일상으로 돌아오는 길, 이제 『작은 일기』를 읽을 시간이다

가장 진솔하고 즉발적인 황정은의 감각이자 언어다. **한겨레**

그의 소설을 아끼고 오래 곁에 두었던 독자라면 이보다 더 큰 위안은 없을 것이다. **세계일보**

시대의 아픔을 예민하게 읽어내고 이를 단단하고 아름답게 써온 작가가 써내려간 '계엄 일기'. **경향신문**

이번 에세이를 통해서 세상, 그리고 사람을 향한 그의 더듬이가 얼마나 예민한지 여실히 보여준다. **서울신문**

한 개인의 '작은 일기'인 동시에 우리 모두의 기록. **한국일보**

작은 일기
황정은 에세이

"예술은 쾌락이 아닌 인간을 결합시키기 위한 것이다"

작가이자 사상가인 톨스토이가 말하는 예술을 만나다

예술이란 무엇인가

이강은 옮김, 304쪽

바다출판사 '톨스토이 사상 선집'의 여덟 번째 책이자
톨스토이가 15년에 걸쳐 집필한 예술에 관한
첫 번째 책. 철저한 분석과 날카로운 관찰을 통해 보는
톨스토이의 예술론.

**바다출판사
톨스토이 사상 선집**

TOLSTOY

러시아 문학을 전공한 연구자가 러시아에서 출간된 100여 권의
〈톨스토이 전집〉에서 직접 선별한 톨스토이 사상의 정수

인생에 대하여 | 나의 신앙은 어디에 있는가 | 고백 | 죽이지 마라
비폭력에 대하여 | 학교는 아이들의 실험장이다 | 무엇을 어떻게 가르쳐야 하는가?
예술이란 무엇인가 | 폭력의 법칙 사랑의 법칙 | 거대한 죄

바다출판사 톨스토이 사상 선집은 계속 출간됩니다.

바다출판사

서울
리뷰 오브
북스

Seoul
Review of
Books
2025 가을

19

발행일	2025년 9월 15일
편집위원	강예린, 권보드래, 권석준, 김영민, 김홍중, 박진호, 박훈
	송지우, 신형철, 유정훈, 이석재, 정우현, 정재완, 조문영
	현시원, 홍성욱
편집장	김두얼
책임편집	권석준
편집	김영일
디자인	정재완
제작	(주)대덕문화사
발행인	조영남
발행처	알렙
등록일	2020년 12월 4일
등록번호	고양, 바00044호
주소	경기도 고양시 일산서구 중앙로 1455 대우시티프라자 715호
전자우편	seoulreviewofbooks@naver.com
웹사이트	www.seoulreviewofbooks.com
ISSN	2765-1053 53
값	15,000원

© 알렙, 2025

이 책에 실린 글과 사진은 저작권법에 의해 보호를 받는
저작물이므로 사전 협의 없이 무단으로 사용할 수 없습니다.

이 책은 한국문화예술위원회의 문예진흥기금으로 원고료(일부)를
지원받아 발간되었습니다.

구독 문의	seoulreviewofbooks@naver.com
정기구독	60,000원 (1년/4권) → 50,000원(17% 할인)
	자세한 사항은 QR코드를 스캔해 주세요.

광고 문의	출판, 전시, 공연 등 다양한 영역에서 서울리뷰오브북스의
	파트너가 되어 주실 분들을 찾습니다. 제휴 및 광고 문의는
	seoulreviewofbooks@naver.com로 부탁드립니다.
	단, 서울리뷰오브북스에 실리는 서평은 광고와는 무관합니다.